O MITO DO SIGNIFICADO NA
OBRA DE CARL G. JUNG

BIBLIOTECA CULTRIX
DE PSICOLOGIA JUNGUIANA

Aniela Jaffé

O MITO DO SIGNIFICADO
NA OBRA DE CARL G. JUNG

Uma Introdução Concisa ao Estudo da Psicologia Analítica

Tradução
Daniel Camarinha da Silva
Dulce Helena Pimentel da Silva

Supervisão
Margit Martincic

Título do original: *Der Mythus vom Sinn*.

Copyright © 1983 Daimon Verlag, Zurique.

Copyright da edição brasileira © 1989, 2021 Editora Pensamento-Cultrix Ltda.

2ª edição 2021.

Todos os direitos reservados. Nenhuma parte desta obra pode ser reproduzida ou usada de qualquer forma ou por qualquer meio, eletrônico ou mecânico, inclusive fotocópias, gravações ou sistema de armazenamento em banco de dados, sem permissão por escrito, exceto nos casos de trechos curtos citados em resenhas críticas ou artigos de revistas.

A Editora Cultrix não se responsabiliza por eventuais mudanças ocorridas nos endereços convencionais ou eletrônicos citados neste livro.

Editor: Adilson Silva Ramachandra
Gerente editorial: Roseli de S. Ferraz
Gerente de produção editorial: Indiara Faria Kayo
Editoração Eletrônica: Join Bureau
Revisão: Ana Lúcia Gonçalves

Dados Internacionais de Catalogação na Publicação (CIP)
(Câmara Brasileira do Livro, SP, Brasil)

Jaffé, Aniela
    O mito do significado na obra de Carl G. Jung: uma introdução concisa ao estudo da psicologia analítica / Aniela Jaffé; tradução Daniel Camarinha da Silva, Dulce Helena Pimentel da Silva. – 2. ed. – São Paulo: Editora Cultrix, 2021. – (Biblioteca Cultrix de psicologia junguiana)

    Título original: Der Mythus vom Sinn.
    ISBN 978-65-5736-118-4

    1. Jung, C. G. (Carl Gustav), 1875-1961 2. Significado (Psicologia) I. Título. II. Série.

21-75222   CDD-150.1954

Índices para catálogo sistemático:

1. Jung, Carl Gustav: Psicanálise: Psicologia 150.1954
Cibele Maria Dias – Bibliotecária – CRB-8/9427

Direitos de tradução para a língua portuguesa adquiridos com exclusividade
pela EDITORA PENSAMENTO-CULTRIX LTDA., que se reserva a
propriedade literária desta tradução.
Rua Dr. Mário Vicente, 368 – 04270-000 – São Paulo, SP – Fone: (11) 2066-9000
http://www.editoracultrix.com.br
E-mail: atendimento@editoracultrix.com.br
Foi feito o depósito legal.

"A alma é o maior de todos os milagres cósmicos."

C. G. JUNG

SUMÁRIO

Prefácio à 1ª edição 11

Prefácio à 2ª edição 15

Prefácio à 3ª edição 17

1. O Tema 19

2. O Inconsciente e o Arquétipo 25
   Hipótese e Modelo 25
   O Arquétipo como Instinto e
   "Elemento do Espírito" 33
   O Arquétipo Psicoide 39
   Conscientização como Discriminação 41

3. Método e Estilo de Jung 45

4. A Realidade Oculta 51

   Fatores de Ordenação na Natureza 51

   Ciências Naturais e Religião 58

   A Numinosidade do Inconsciente 63

   Aparência e Realidade 67

   A Numinosidade do *Self* 72

   Um Paralelo Cabalístico 75

   Um Paralelo Teológico (Paul Tillich) 79

5. Experiência Interior 83

   A Alquimia como Expressão de Experiência Interior 83

   O Inconsciente como Experiência Interior 86

   A "Arte Moderna" como Expressão de
   Experiência Interior 97

   A Experiência Interior com a Mescalina 107

6. A Individuação 117

   Imaginação Ativa e Vida 117

   Ordem Histórica e Ordem Eterna 132

   Liberdade e Prisão 136

7. O Bem e o Mal 145

   O Conflito Humano 145

   Vontade e Contravontade na Imagem de Deus 151

8. "Resposta a Jó" 157

   Imagem Verbal e Objeto 157

   A Antinomia do Sagrado (Paul Tillich) 162

Testemunho Subjetivo de Jung 164

O Sofrimento do Mundo 168

9. A "Individuação da Humanidade" 175

A Imagem Divina do Espírito Santo 175

Superação dos Antagonismos na Imagem de Deus 187

10. O Homem no Trabalho de Redenção 191

11. A "Única Realidade" 199

12. O Indivíduo 209

13. O Significado como o Mito da Consciência 217

Consciência Criativa 217

O Segredo da Simplicidade 233

Sincronicidade 236

Apêndice 243

Bibliografia 255

PREFÁCIO À PRIMEIRA EDIÇÃO

Era um radioso dia de agosto de 1940. Apesar da adversidade dos tempos, um pequeno grupo de pessoas reuniu-se em Moscia, no lago Maggiore, para um "simbólico encontro Eranos". Naquela manhã, o matemático Andreas Speiser, da Basileia, havia feito uma conferência sobre *A doutrina platônica do Deus desconhecido e a Trindade Cristã*. Era a única que fora anunciada e supunha-se que, naquele ano, ficássemos satisfeitos com isso. Mas as coisas correram de modo diferente. À tarde, Jung, que era um dos convidados, retirou-se para a sombra do jardim, na margem do lago. Buscou uma Bíblia na biblioteca, leu e tomou notas. No dia seguinte, surpreendeu o auditório que o ouvia cheio de expectativa com uma réplica à dissertação do seu colega da Basileia. Falando de improviso, complementou o assunto com uma palestra sobre *A psicologia da ideia da Trindade*. À sua maneira característica, pesando as palavras e por vezes de forma hesitante, formulou ideias que vinha acalentando há anos, mas que ainda não haviam encontrado a sua forma definitiva.

Mais tarde, constatou-se que o estenograma do improviso de Jung estava praticamente pronto para ser impresso; apenas amplas inserções foram feitas. Para quem conhecia o método de trabalho de Jung, nada havia de surpreendente nisso. Ele só começava a escrever quando as suas ideias estavam maduras e todo o material a explanar tivesse sido coligido e verificado. Frequentemente havia um intervalo de muitos anos entre a primeira intuição criativa e a sua fixação em palavras; mas, desde o momento em que ele pegava a caneta, sucumbia inteiramente ao feitiço de uma obra nascente. Completava-a num simples esboço, trabalhando diariamente em determinados períodos de tempo, muitas vezes mesmo quando estava doente. Lenta e refletida como a sua fala, a sua caligrafia clara fluía sobre o papel. Numa nova leitura subsequente, havia apenas aditamentos técnicos, "ampliações" tiradas de todas as esferas imagináveis de conhecimento, escritos em pequenos pedaços de papel que eram colados nas largas margens das folhas. Mas o texto em si permanecia, na sua maior parte, intocado.

O improviso de Jung sobre *A psicologia da ideia da Trindade* encerrou o encontro de Moscia. Ele foi seguido por uma séria, ainda que animada, discussão no terraço da Casa Eranos, com a sua vista ampla para o lago e as montanhas. Jung estava descontraído –

coisa rara, sobretudo naqueles anos de crise – e satisfeito com a sua atuação. Contudo, quase se desculpando, fez uma distinção entre o seu estilo e o do conferencista anterior: "Só posso formular os meus pensamentos tal como irrompem de mim. É como um gêiser. Os que vierem depois de mim terão de colocá-los em ordem!" Esta observação deve ser apreciada com restrições, pois não permite perceber a profundidade e meticulosidade com que o material empírico era reunido, verificado e intelectualmente tratado até que não se pudesse mais adiar a forma final. Ainda assim, isso realmente explica algumas das dificuldades que a leitura das suas obras apresenta, sobretudo as da última fase. A profusão de ideias criativas e de material examinado proporciona expectativas infinitas, e a espontaneidade do seu estilo leva a ocasionais obscuridades.

Foi a lembrança dessa palestra estival perto do lago Maggiore que encorajou o meu propósito de focalizar separadamente um complexo temático da obra de Jung: como a ação recíproca da consciência e do inconsciente lhe proporcionou uma resposta à eterna pergunta: Qual é o significado da vida e do homem?

Devo agradecimentos especiais a Marianne Niehus-Jung que, até o instante de sua morte em 1965, acompanhou o desenvolvimento da obra com interesse. Vários amigos ajudaram-me com conselhos e praticamente na leitura do manuscrito. Agradeço a todos a cooperação que me deram e a paciência que demonstraram.

Zurique, outono, 1966.

PREFÁCIO À SEGUNDA EDIÇÃO

Transcorreram doze anos desde a primeira edição do livro e hoje, dezessete anos após a morte de Jung, os temas de que tratou, e que proporcionam uma resposta à pergunta sobre o significado, continuam tão atuais como naquela época. Uma vez mais, ficou evidente que ele estava à frente do seu tempo.

A resposta de Jung à questão do significado pode ser mais bem compreendida à luz da quantidade de problemas que tão profundamente o tocavam. Em sua obra, ele os apresentou interpretados psicologicamente e classificados historicamente. Deles fazem parte a pergunta sobre a experiência interior, a transcendência da vida e da consciência e os limites da percepção. A relação entre a psicologia e as ciências naturais representa um papel importante, assim como a da psicologia com a religião, mas, acima de tudo, a influência das realidades espirituais na vida do grupo e do indivíduo, em seu tempo. A aplicação prática daí resultante era, para Jung, o critério da validez de suas ideias.

Devido à riqueza dos temas, pode-se ler este livro como uma breve e facilmente compreensível introdução ao mundo dos pensamentos e do espírito de Jung. Gostaria de agradecer à Editora Walter por ter organizado a nova edição da obra, originalmente publicada pela Editora Rascher, de Zurique, no que também foi encorajada pelo interesse crescente em relação à psicologia junguiana. Aproveitamos para agradecer mais uma vez a todos que apoiaram, com seu interesse, esta edição.

Zurique, fevereiro de 1978.

PREFÁCIO À TERCEIRA EDIÇÃO

Na obra de Jung, o mito do significado trata da ampliação progressiva da consciência humana. Esse processo, que se estende através dos séculos, resulta na percepção da unidade do ser, em que o espírito e a matéria, a ciência e a fé, a consciência e o inconsciente não constituem opostos, mas devem ser compreendidos como os dois lados de uma só realidade.

Em relação a isso, cabem algumas observações do físico Fritjof Capra, no livro **"Wendezeit"** (*O ponto de mutação*),[1] em que fala da "analogia entre a psicologia junguiana e a ciência moderna", e diz: "na sua tentativa de descrever o inconsciente coletivo, Jung também

---

[1] Publicado em português pela Editora Cultrix, São Paulo, 1986.

utilizou conceitos que são surpreendentemente semelhantes aos que os físicos contemporâneos usam para descrever os fenômenos subatômicos".

O presente livro expõe algumas condições e aspectos psicológicos do caminho junguiano da percepção. Conduz, assim como a ciência moderna, à superação da imagem racional e mecânica do mundo.

O fato de a Editora Daimon publicar uma terceira edição do livro merece toda a nossa gratidão.

Zurique, outono, 1983.

Capítulo 1

O TEMA

"Qual o sentido da vida?" A pergunta é tão antiga quanto a humanidade, e toda resposta é uma interpretação de um mundo carregado de enigmas. Nenhuma resposta é definitiva ou pode responder completamente à pergunta. Muda conforme o nosso conhecimento do mundo. Sentido e falta de sentido fazem parte da plenitude da vida. "A vida é, a um só tempo, louca e importante. E, quando não rimos de um aspecto e especulamos sobre outro, ela se torna insípida e tudo se reduz à mais insignificante escala. Há, então, igualmente, pouco sentido e pouco absurdo."[1] Jung escreveu essas palavras aos

---

[1] C. G. Jung, *Über die Archetypen des koll. Unbewussten* [Dos arquétipos do inconsciente coletivo], Ob. Compl., vol. IX, 1ª ed., p. 31.

cinquenta e nove anos.[2] Vinte e cinco anos depois, a mesma ideia adquire um peso estranhamente diferente: "Trata-se de uma questão de temperamento, acreditar no que vale mais: se a falta de sentido ou o sentido. Se preponderasse absolutamente a falta de sentido, o significado da vida desapareceria progressivamente a cada passo do nosso desenvolvimento. Mas não se trata disso, ao que me parece. Como em todas as questões metafísicas, provavelmente ambas são verdadeiras: a vida é sentido ou falta de sentido, tem ou não tem sentido. Acalento a inquieta esperança de que o sentido prepondere e vença a batalha."[3] Na idade avançada, a questão do sentido da vida se torna uma questão decisiva que determina o valor ou a falta de valor da nossa própria vida. Jung foi profundamente motivado por ela, ainda que soubesse que não existia nenhuma resposta clara e definitiva.

O propósito deste livro é mostrar que espécie de "sentido" Jung opunha à "falta de sentido da vida". O sentido para ele nasceu de uma longa vida, rica de experiência, e de uma pesquisa da alma humana realizada através de décadas. Ele encontrou uma resposta que o satisfez e que se harmonizava com o seu conhecimento científico, embora sem pretender ser científica. Não há nenhuma resposta objetivamente válida à questão do sentido, pois, ao lado

---

[2] Para não perturbar a dissertação, não usaremos o nome completo de C. G. Jung no texto.

[3] *Erinnerungen, Träume, Gedanken von C. G. Jung* [Memórias, sonhos e pensamentos de C. G. Jung], anotado e editado por Aniela Jaffé, (A seguir chamado "Memórias de C. G. Jung"), p. 360.

do pensamento objetivo, a avaliação subjetiva desempenha também a sua parte. Cada uma e todas as formulações são um mito que o homem cria para responder ao irrespondível.

Para Jung, a questão do sentido não era um problema filosófico ou teórico. Como a maioria dos temas da sua obra, ela resultava das experiências cotidianas e das necessidades do momento da consulta. Jung era, antes de tudo, um médico, e a obrigação de ajudar e curar permaneceu decisiva até o fim da sua vida. O lema do seu livro *Resposta a Jó* "Doleo super te frater mi..." ["Estou aflito por ti, meu irmão" (Sam. II, 1:26)] – exprime um poderoso ímpeto subjacente à sua criatividade e pensamento. A falta de um sentido da vida desempenha papel crucial na etiologia da neurose: "Uma psiconeurose deve ser compreendida essencialmente como o sofrimento de uma alma que não descobriu o seu sentido".[4]

Jung relata que "cerca de um terço dos meus pacientes não sofre de neurose clinicamente definível, mas sim da falta de sentido e de propósito em suas vidas".[5] Não eram "excêntricos

---

[4] C. G. Jung, *Psychotherapie und Seelsorge* [Psicoterapia e assistência espiritual], Ob. Compl., vol. XI, p. 358. Ver também G. Adler, *Die Sinnfrage in der Psychotherapie* [A questão do significado na psicoterapia], em: Ensaios do Instituto C. G. Jung, vol. XVII, 1964. H. K. Fierz, *Sinn im Wahn* [O significado da alienação], em: Ensaios do Instituto C. G. Jung, vol. XV, 1963. E. Neumann, *Die Sinnfrage und das Individuum* [A questão do significado e o indivíduo], Anuário de Eranos, 1957.

[5] C. G. Jung, *Ziele der Psychotherapie* [Objetivos da psicoterapia], Ob. Compl., vol. XVI, p.44.

doentios" em busca de uma resposta do médico a respeito do sentido, "mas, com muita frequência, pessoas excepcionalmente capazes, corajosas e íntegras".[6] Eram neuróticas apenas porque participavam do que Jung denominava "neurose geral do nosso tempo", um sentimento cada vez mais difundido de inutilidade, na maioria dos casos, ao lado de um sentimento de vazio religioso. Essas pessoas não podiam mais crer, ou por não poderem conciliar o pensamento científico com os dogmas da religião, ou porque as verdades ocultas no dogma haviam perdido para elas a autoridade e toda justificativa psicológica. Se eram cristãs, não se sentiam redimidas pelo sacrifício da morte de Cristo; se eram judias, o Torá não lhes proporcionava ajuda. Faltava-lhes, assim, a proteção dada pelo fato de estarem radicadas a uma tradição religiosa. O homem seguramente abrigado na religião jamais se perderá inteiramente nas trevas e na solidão de um mundo sem sentido, e, segundo a experiência de Jung, ninguém está realmente curado nem encontra o seu sentido "se não reencontra a sua perspectiva religiosa. Isso, naturalmente, nada tem, em absoluto, que ver com um credo particular ou a filiação a uma igreja".[7]

Com relação à questão do sentido da vida, nenhuma ciência pode ocupar o lugar da religião nesse sentido amplo. Os sistemas

---

[6] C. G. Jung, *Psychotherapie und Seelsorge* [Psicoterapia e assistência espiritual], Ob. Compl., vol. XI, p. 365.

[7] Id. id., p. 362.

biológicos, físicos ou cósmicos tampouco. Não obtemos resposta com a interpretação dos conteúdos psíquicos exclusivamente em função de experiência ou de consciência pessoal. O sentido é a experiência da totalidade. Qualquer descrição dele pressupõe a realidade vivida no tempo tanto quanto a qualidade de vida da intemporalidade; experiências pessoais e conscientes, assim como um domínio que transcende a consciência e o mundo tangível. Se a tensão entre esses dois polos do ser falta, o homem tem o "sentimento de que é uma criatura sem sentido, e é esse sentimento que o impede de viver sua vida com a intensidade que ela exige, se deve ser desfrutada plenamente. A vida torna-se trivial e não é mais a expressão do homem completo".[8] A vida, para Jung, só é vivida quando passa a ser "o critério da verdade do espírito".[9]

---

[8] C. G. Jung, *Analytische Psychologie und Weltanschauung* [Psicologia analítica e filosofia], Ob. Compl., vol. VIII, p. 417.

[9] C. G. Jung, *Geist und Leben* [Espírito e vida], Ob. Compl., vol. VIII, p. 369.

Capítulo 2

O INCONSCIENTE E O ARQUÉTIPO

HIPÓTESE E MODELO

A realidade que transcende a consciência e aparece como o fundo espiritual do mundo é, em termos psicológicos, o inconsciente. Por isso, devemos dirigir a atenção do leitor não familiarizado com a psicologia de Jung para algumas das suas afirmações teóricas referentes ao inconsciente e seu conteúdo, os arquétipos. Elas formam a base para a compreensão dos capítulos seguintes.

Jung preocupava-se menos com a esfera relativamente limitada do reprimido e esquecido, que ele chamava "inconsciente pessoal", do que com o pano de fundo psíquico, o mundo do "inconsciente coletivo", que havia descoberto, ou melhor – visto de uma perspectiva histórica – redescoberto.[1] (Quando falarmos do "inconsciente" nas páginas seguintes, será sempre ao "inconsciente coletivo" que estaremos nos referindo.) Ao contrário do consciente pessoal, ele é uma esfera ilimitada que se mantém oculta, porque não está ligada à consciência do ego. "O maravilhoso do inconsciente é que ele é realmente inconsciente", disse Jung certa vez, e "o conceito de inconsciente *não postula nada*, apenas designa o meu *desconhecimento*" (Carta de fevereiro de 1946).

O inconsciente coletivo não é acessível à observação direta, mas pode ser investigado de modo indireto através da observação dos conteúdos compreensíveis e conscientes, que oferecem oportunidade para inferências quanto à sua natureza e estrutura. Esse método também foi adotado por Freud, que, partindo dos sintomas da histeria, dos sonhos, atos falhos, gracejos etc., penetrou no "ocultamento do essencial" (*Verborgenheit des Eigentlichen*) e inferiu o inconsciente como a esfera psíquica desconhecida, oculta. Da mesma forma, para Jung "a existência de uma psique inconsciente... é tão plausível, poderemos dizer, quanto a de um planeta até agora não descoberto, cuja presença se deduz pelos desvios de alguma órbita planetária conhecida. Infelizmente,

---

[1] Lancelot L. Whyte trata, em seu livro *The Unconscious before Freud* [O inconsciente antes de Freud], Nova Yorque, 1962, do conceito do inconsciente segundo Shakespeare, Leibniz, Goethe, Schopenhauer, Nietzsche, von Hartmann e outros. Uma análoga noção filosófica do inconsciente já se encontra na última fase da Idade Antiga, especialmente em Plotino (205 a 270 d. C.).

falta-nos o auxílio de um telescópio que nos certifique da sua existência".[2] O inconsciente é uma hipótese.[3]

O caminho para o estabelecimento da hipótese foi revelado a Jung através da investigação das imagens psíquicas e das ideias. Observou cuidadosamente os seus próprios sonhos e os de seus pacientes; analisou fantasias e delírios do doente mental e ocupou-se com o estudo comparativo das religiões e com a mitologia. A compreensão decisiva lhe foi dada pelo fato de que imagens e temas mitológicos podem ser encontrados em todos os tempos e em toda parte onde os seres humanos tenham vivido, pensado e agido. Desse "paralelismo universal",[4] deduziu ele a presença de disposições típicas do inconsciente inatas na constituição do homem. Como operadores inconscientes, eles ordenam constantemente os conteúdos da consciência, sempre de acordo com a sua própria forma estrutural, da qual resulta a analogia dos motivos das imagens mentais. Jung chamava essas disposições

---

[2] C. G. Jung, *Medizin und Psychotherapie* [Medicina e psicoterapia], Ob. Compl., vol. XVI, p. 97.

[3] Ver, a respeito disso, C. G. Jung, *Die Psychologie der Übertragung* [A psicologia da transferência], Ob. Compl., vol. XVI, p. 181, nota 12: "Chamo os processos inconscientes de 'hipotéticos', porque, por definição, o inconsciente não é acessível à observação direta, mas apenas pode ser 'inferido'."

[4] C. G. Jung, *Über den Archetypus mit besonderer Berücksichtigung des Animabegriffs*, [Sobre o arquétipo, considerando especialmente a noção de *anima*], Ob. Compl., vol. IX, 1ª ed., p.73.

interiores de *arquétipos* bem como caracterizava os conteúdos e motivos conscientes ordenados por elas de arquetípicos.[5]

A palavra "arquétipo" deriva do grego e significa "a cunhagem original". Com relação a manuscritos, denota o original, a forma básica para cópias posteriores.[6] Em psicologia, os arquétipos representam padrões da natureza humana, "a especificidade humana do homem". Como grandezas inconscientes, permanecem também irrepresentáveis e ocultos, mas se tornam indiretamente discerníveis pelas combinações que produzem na nossa consciência: os motivos análogos apresentados pelas imagens psíquicas e os motivos típicos de ação nas situações primordiais da vida – nascimento, morte, amor, maternidade, transformação etc. O arquétipo *per se* é como um criador por trás dos motivos arquetípicos, mas só estes são acessíveis à consciência.

Em várias épocas, os motivos arquetípicos emergiram da constituição inconsciente do homem e podem surgir novamente, de maneira espontânea, em qualquer tempo, num lugar qualquer, das mesmas disposições. Mesmo quando imagens religiosas ou

---

[5] Uma exposição pormenorizada da noção junguiana de arquétipo encontra-se em J. Jacobi, *Komplex, Archetypus, Symbol in der Psychologie C. G. Jungs* Zurique, 1957, pp. 36 e segs. [*Complexo, arquétipo e símbolo na psicologia de C. G. Jung*, Ed. Cultrix, São Paulo, 1986.]

[6] Ver K. Kerényi, *Umgang mit Göttlichem* [Relacionamento com o divino], Göttingen, 1961, p. 53. A passagem mais antiga que se conhece, mencionando a palavra grega "archetypos", encontra-se em Cícero (106 a 43 a. C.). Em suas cartas a Atticus, traduz a palavra para o latim, com o que ela passa à linguagem corrente, na última fase da Idade Antiga.

míticas se transmitem por migração ou tradição, os arquétipos atuam como tendências inconscientes que "selecionam" conteúdos de origem estranha, absorvendo-os e integrando-os. Considerado filosoficamente, o arquétipo não é a causa das suas manifestações, mas a condição.

Com o passar do tempo, Jung ampliou o seu conceito de arquétipo. Reconheceu que devia ser considerado também como a base criadora inconsciente das ideias abstratas e das teorias científicas. "Os maiores e melhores pensamentos do homem se amoldam a essas imagens primordiais como a um esquema."[7] Foi o físico Wolfgang Pauli quem levantou esse tema e chamou a atenção para a influência das ideias arquetípicas na formação das teorias científicas, porque também as afirmações da "ciência objetiva" estão sujeitas à influência dos "operadores organizadores e das imagens do inconsciente".[8] Voltaremos a isso detalhadamente mais adiante.

---

[7] C. G. Jung, *Über die Psychologie des Unbewussten* [Sobre a psicologia do inconsciente], Ob. Compl., vol. VII, pp. 74 e seg. Da formulação de Jung não se conclui com muita clareza que ele entendia como "imagens primordiais" estruturas psíquicas irrepresentáveis no inconsciente.

[8] Ver W. Pauli *Der Einfluss archetypischer Vorstellungen auf die Bildung naturwissenschaftlicher Theorien bei Kepler* [A influência das imagens arquetípicas na formação das teorias científicas de Kepler] (a seguir chamado "Kepler"). Em: Jung-Pauli, *Naturerklärung und Psyche* [Explicação da natureza e psique], Ensaios do Instituto C. G. Jung, Zurique, 1952, vol. 4.

A concepção do arquétipo de Jung é uma continuação da ideia tradicional de Platão. Assim como para este a "ideia", uma espécie de modelo espiritual, é preexistente e superordenada à exteriorização ou fenômeno, para Jung é o arquétipo. "'Arquétipo' nada mais é que uma expressão, já existente na Antiguidade, sinônima de 'ideia', no conceito platônico."[9] Os arquétipos são "inclinações vivas e ativas, formas ou ideias no sentido platônico."[10] Existem em cada psique, pré-formando instintivamente seu pensamento, seu sentimento e sua atuação.

Jung empregou o termo arquétipo pela primeira vez em 1919.[11] Em seus escritos iniciais, encontramos em seu lugar a expressão "imagem primordial",[12] que ele ainda usou vez ou outra mais tarde. Esta paráfrase não se mostrou inteiramente feliz. Levava a mal-entendidos, porque "imagem primordial" era geralmente entendida como algo com um conteúdo definido, uma "imagem" de fato, enquanto, segundo a definição de Jung, ela é inconsciente e "irrepresentável", além de só surgir no consciente como imagem, como conteúdo arquetípico.

---

[9] C. G. Jung, *Mutterarchetypus* [O arquétipo-mãe], Ob. Compl., vol. IX, 1ª ed., p. 91.

[10] Id., id., p. 95.

[11] Ver "Instinkt und Unbewusstes" [Instinto e inconsciente], Ob. Compl., vol. VIII, pp. 147 e segs.

[12] Que se baseia na noção de "imagens primordiais", estabelecida por Jacob Burckhardt.

Outra designação inicial para arquétipos foi "tendências". Jung supunha que eles eram criados, através das gerações, como marcas de experiências vitais típicas que se repetiam constantemente. Mais tarde, ele abandonou esse termo, porque implicava algo que se formara gradativamente, um conteúdo específico transmitido por herança, ao passo que ele tinha chegado a perceber serem os arquétipos elementos estruturais inerentes à natureza do homem desde o início. O arquétipo em si mesmo é intemporal, é "natureza pura e não corrompida".[13] A sua origem está oculta e se encontra além dos limites da percepção psicológica e científica. "Se essa estrutura psíquica e os seus elementos, os arquétipos, tiveram alguma vez uma origem, é uma questão metafísica e, por conseguinte, irrespondível."[14] A única coisa que se pode dizer com certeza é que são herdados como disposições irrepresentáveis do inconsciente, as constantes intemporais da natureza humana. Por outro lado, as combinações que criam (imagens e ideias arquetípicas) são formadas novamente em cada vida individual como variantes temporalmente condicionadas do motivo intemporal. A formação dessas variantes depende igualmente da disposição inconsciente (o arquétipo organizador), do ambiente, da experiência pessoal e da cultura considerada.

---

[13] C. G. Jung, *Theoret. Überlegungen* [Considerações teóricas], Ob. Compl., vol. VIII, p. 236.

[14] C. G. Jung, *Mutterarchetypus* [O arquétipo-mãe], Ob. Compl., vol. IX, 1ª ed., pp. 114 e segs.

Para ilustrar a diferença entre o arquétipo em si e a sua manifestação como conteúdo arquetípico no consciente, Jung gostava de usar a comparação da rede cristalina presente na água-mãe, mas indiscernível (o arquétipo *per se*, a estrutura irrepresentável e ordenadora no inconsciente), que só aparece como um cristal segundo o modo específico com que se agregam os íons e as moléculas (o material experimental). Cada cristal realiza a estrutura básica da rede, mas de uma forma infinitamente variada e individual (a imagem arquetípica na consciência).

"O arquétipo como tal é um modelo hipotético e irrepresentável."[15] Se Jung, no entanto, o introduziu como um conceito na ciência e tentou continuamente apreender a sua estrutura com precisão cada vez maior, foi porque estava interessado — especialmente em suas formulações posteriores e mais diferenciadas — na construção de um *modelo* que pudesse ser visualizado. A construção de modelos em ciência não é nada fora do comum. Cada ciência, quando se depara com realidades irrepresentáveis, é compelida a projetar seus modelos. O átomo é em si mesmo uma grandeza que não pode ser representada no tempo e no espaço, mas o físico constrói um modelo dele a partir dos seus efeitos observáveis. O biólogo faz o mesmo, nos casos em que só pode estudar diretamente o lado exterior do objeto, permanecendo inacessíveis a ele os processos internos do

---

[15] C. G. Jung, *Archetypen des koll. Unbewussten* [Arquétipos do inconsciente coletivo], Ob. Compl., vol. IX, 1ª ed., p. 15, nota 8.

organismo.[16] Foi isso o que Jung fez, quando construiu, a partir dos seus efeitos observáveis, um modelo do "arquétipo *per se*".

O ARQUÉTIPO COMO INSTINTO E "ELEMENTO DO ESPÍRITO"

Em 1919, Jung fez pela primeira vez a comparação entre o *arquétipo* como fator estrutural da esfera espiritual-psíquica e o *instinto* como "tipo de natureza apriorística" ordenadora da esfera biológica.[17] Tomou como ponto de partida a cerimônia "extremamente bonita" da propagação da mariposa da iúca sul-americana, que acontece num jogo complicado com a flor dessa planta. As flores da iúca desabrocham somente por uma noite, e a mariposa executa essa cerimônia uma única vez em sua vida. Esses misteriosos processos do mundo animal só são possíveis de se repetir imutavelmente porque se baseiam no instinto inato em forma de uma disposição inconsciente, ordenadora e formadora, que também se poderia chamar "conhecedora". É um "conhecimento"

---

[16] Ver E. R. Weibel, *Modell und Wirklichkeit in der biologischen Forschung* [Modelo e realidade na pesquisa biológica], artigo em Neue Zürich Zeitung nº 3809, de 13 de setembro de 1964: "O biólogo só pode apreender os processos internos de modo indireto, através de seus efeitos sobre as secções superficiais e portanto acessíveis do objeto. Devido a isso, ele tem de pensar esse efeito com a ajuda de modelos imaginados e de teoria."

[17] Ver "Instinkt und Unbewusstes" [Instinto e inconsciente], Ob. Compl., vol. VIII, pp. 149 e segs.

inato, inconsciente, requintado até o último detalhe, das correlações do mundo. Exatamente da mesma maneira, os motivos arquetípicos podem ser compreendidos como a expressão de um "conhecimento *a priori*", uma previsão do comportamento adequado às situações fundamentais da vida. Arquétipo e instinto são fatores inconscientes que desempenham uma função ordenadora. Nisso reside a sua afinidade: "Na medida em que os arquétipos intervêm na formação dos conteúdos conscientes, regulando-os, modificando-os e motivando-os, agem como os instintos."[18] Dessa comparação à identificação vai um pequeno passo: os arquétipos são "impulsos e formas instintivas hereditárias que podem ser observados em todas as criaturas vivas".[19] Nos últimos escritos de Jung, "instinto" é frequentemente usado ao lado do conceito análogo "padrão de comportamento".[20]

Caracterizando o arquétipo como instinto ou "padrão de comportamento", foi registrado apenas um lado do modelo, ou

---

[18] C. G. Jung, *Theoret. Überlegungen* [Considerações teóricas], Ob. Compl., vol. VIII, p. 231.

[19] C. G. Jung, *Die Schizophrenie* [A esquizofrenia], no Arquivo Suíço de Neurologia e Psiquiatria, vol. 81, caderno 1/a, 1958, p. 168, Ob. Compl., vol. III, p. 301.

[20] *Id.*: Um exame mais aproximado dos motivos míticos que caracterizam a fantasia humana mostra "que se trata de atitudes, modos de agir, formas de imaginar e impulsos típicos, que devem ser considerados comportamentos instintivos, característicos do ser humano. O termo arquétipo que escolhi corresponde, portanto, à noção de 'padrão de comportamento' conhecida da biologia".

seja, o seu aspecto biológico. O seu polo oposto é caracterizado, com igual justificativa, como o "elemento próprio do espírito".[21] Como vimos, o arquétipo age como uma espécie de "conhecimento" inconsciente e, além disso, representa um "modelo espiritual" no sentido platônico. A sua "espiritualidade" é mais nitidamente evidente na *experiência* imediata das suas manifestações, "uma experiência de fundamental importância".[22] Um homem pode ser profundamente afetado por um conteúdo arquetípico, porque a sua manifestação na consciência irradia todo o poder de um nume. Esse aspecto numinoso "merece, acima de tudo mais, o epíteto de 'espiritual'".[23]

Jung se serve do exemplo de um teólogo protestante que sonhou repetidamente estar de pé "na vertente de uma montanha, com um vale profundo embaixo, onde havia um lago escuro. Ele sabia, no sonho, que algo sempre o havia impedido de chegar ao lago. Dessa vez, decidiu ir até a água. Ao aproximar-se da margem, tudo se tornou escuro e estranho, e uma rajada de vento subitamente percorreu a superfície da água. Ele foi tomado

---

[21] C. G. Jung, *Theoret. Überlegungen* [Considerações teóricas], Ob. Compl., vol. VIII, p. 232.

[22] C. G. Jung, Apresentação da obra de E. Harding, *Frauen-Mysterien* [Mistérios femininos], Zurique, 1949, p. IX.

[23] C. G. Jung, *Theoret, Überlegungen* [Considerações teóricas], Ob. Compl., vol. VIII, p. 232. Designa-se como "numinoso" a força extraordinária que é sentida na experiência religiosa. Ver R. Otto, *Das Heilige* [O divino], Breslau, 1917.

pelo pânico e despertou".[24] "O sonhador desce às suas próprias profundezas" é a interpretação de Jung para a descida à água. O que se apodera dele e o lança num estado de pânico dificilmente é a imagem do sonho como tal, pois esta é de extrema simplicidade: uma rajada de vento percorre o lago. A numinosidade da imagem decorre antes do *dinamismo autônomo* inerente a cada arquétipo.[25] Este se manifesta no sonho como o sopro do espírito, "que sopra onde lhe apraz". Mas, prossegue Jung, ele é "estranho, como tudo cuja causa não conhecemos. Sugere uma presença invisível, um nume, a que nem as expectativas humanas nem as maquinações da vontade deram vida. Vive por si mesmo, e um estremecimento percorre o homem que pensa que o espírito é meramente aquilo em que crê, o que ele próprio faz, o que é dito nos livros, ou aquilo de que as pessoas falam. Mas, quando ocorre espontaneamente, ele é um *Spuk* e o medo primitivo toma conta da mente ingênua".[26] E Jung prossegue, não sem dar uma mirada jocosa de soslaio nos defensores da teologia: "Assim, no sonho, o sopro do *pneuma* assusta outro pastor, um pastor de

---

[24] C. G. Jung, *Archetypen des koll. Unbewussten* [Arquétipos do inconsciente coletivo], Ob. Compl., vol. IX, 1ª ed., p. 26.

[25] Ver C. G. Jung, *Theoret. Überlegungen* [Considerações teóricas], Ob. Compl., vol. VIII, p. 238: "O arquétipo não é apenas uma imagem em si, mas também uma imagem dinâmica que se manifesta pela numinosidade e força fascinante do próprio arquétipo."

[26] C. G. Jung, *Arquetypen des koll. Unbewussten* [Arquétipos do inconsciente coletivo], Ob. Compl., vol. IX, 1ª ed., p. 27.

multidões que, na escuridão da noite, penetrou nas margens cobertas de junco do vale profundo da alma."[27]

O medo vinculado a tal experiência é comumente a primeira reação a um encontro com um conteúdo arquetípico, que, devido à sua autonomia e também ao seu caráter estranho, ainda não pode ser conscientemente aceito como conteúdo da própria alma. Temos medo da superioridade, que, no entanto, no sentido mais profundo, é parte nossa ou à qual pertencemos. Mas o arquétipo se impõe a despeito do medo do homem. "Muitas vezes impele com inigualável paixão e implacável lógica na direção da sua meta e atrai o sujeito para o seu fascínio, do qual este, apesar da mais desesperada resistência, é incapaz de se livrar, culminando mesmo por não desejar mais fazê-lo, porque a experiência traz consigo uma plenitude de sentimento inimaginável antes.[28]

Isto nos leva de volta à questão inicial do significado. A experiência do significado depende da percepção de uma realidade transcendental ou espiritual que se une à realidade empírica da vida e que, juntamente com ela, forma um todo.[29] É uma experiência expressa, na linguagem da poesia, como "todas as coisas efêmeras são apenas um reflexo", e, na linguagem da religião, como "as coisas visíveis são temporais, mas as invisíveis são

---

[27] Id., id.

[28] C. G. Jung, *Theoret. Überlegungen* [Considerações teóricas], Ob. Compl., vol. VIII, p. 232.

[29] Id., p. 230: "A imagem e o sentido são idênticos e, à medida que a primeira se forma, a última passa a ser mais clara."

eternas" (II Cor. 4:18). Psicologicamente, isso é o reconhecimento ou a experiência dos arquétipos intemporais como coordenadores ocultos da vida. Na passagem acima citada, Jung faz alusão ao arquétipo central do *self*, a unidade humana.[30] É este que "atrai o sujeito para o seu fascínio" e que, por fim, desperta nele o sentimento de plenitude de sentido, especialmente quando este arquétipo é reconhecido não só como poder transcendental, mas também quando a vida é posta a serviço de sua realização. Voltaremos a esse ponto mais tarde.

Uma experiência de sentido, uma felicidade espiritual, é também concedida ao homem que se torna consciente de um novo conhecimento. Segundo Pauli, essa felicidade, como a compreensão em geral, parece estar "baseada numa correspondência, num 'casamento' das imagens internas preexistentes na psique humana com os objetos exteriores e com o comportamento deles".[31] Esse é um processo que pode ocorrer mesmo quando o homem não tem consciência dele.

---

[30] Jung designa como *self* o arquétipo da totalidade humana. É o verdadeiro "coordenador" transcendental da vida e da natureza humana. O desenvolvimento da personalidade do nascimento à morte, sua vida interna e externa, representam, ainda que apenas de modo fragmentário, o desdobramento e a realização do arquétipo do *self* que se encontra no inconsciente. Jung também considera o *self* como o objetivo da vida, porque "ele é a expressão mais plena da combinação de destino que chamamos indivíduo". (*Die Beziehungen zwischen dem Ich und dem Unbewussten* [As relações entre o eu e o inconsciente], Ob. Compl., vol. VII, p. 263.) Sobre o *self*, ver também *Aion*, Ob. Compl., vol. IX, 2ª ed., pp. 32 e segs.

[31] W. Pauli, Kepler, p. 112.

O ARQUÉTIPO PSICOIDE

O arquétipo é "um elemento do espírito", o instinto, "natureza pura não falsificada" – tais são as suas descrições contraditórias (ou, para ser mais exato, do seu "modelo"). Deve-se, assim, pensar nele como uma entidade paradoxal. Não é raro o estabelecimento de paradoxos na ciência, mesmo nas ciências naturais. Um exemplo bem conhecido é o elétron, que se apresenta à observação ora como onda, ora como partícula. Embora a observação de uma realidade exclua a de outra, ambas são válidas. Elas se completam mutuamente. O Dr. Robert Oppenheimer fala, nesse sentido, de uma "dualidade" que se aplica à natureza da luz e de toda matéria.[32] Uma dualidade, "um problema dos opostos que é profundamente característico da psique",[33] é válida também para os conteúdos do inconsciente. No fundo, trata-se menos de opostos do que de antinomias, de modalidades de manifestação que se completam.

No decorrer dos anos, Jung fez constantemente novas e mais realísticas formulações da "ideia" do arquétipo e do "modelo" projetado por ele. A concepção de sua antinomia, no entanto, não só permaneceu intacta como foi aprofundada. A correção final e decisiva, formulada em 1946, foi a afirmação, à primeira

---

[32] Robert Oppenheimer, *Wissenschaft und allgemeines Denken* [Ciência e pensamento geral], Hamburgo, 1955, p. 67.

[33] C. G. Jung, *Psychotherapie und Weltanschauung* [Psicoterapia e filosofia], Ob. Compl., vol. XVI, p. 83.

vista surpreendente, de que os "arquétipos têm uma natureza que não pode ser designada, com certeza, como psíquica".[34] Ele tirou essa conclusão teórica do fato de a natureza real do arquétipo como conteúdo do inconsciente coletivo permanecer irreconhecível, do fato de ela ser uma entidade "metafísica"[35] e, como tal, não suscetível de definição final e inequívoca. Desde então, denominou o arquétipo "psicoide" ou semelhante à alma. "Psicoide" é um conceito adjetivo que exprime a possibilidade de algo ser tanto psíquico como não psíquico. Enquanto o modelo arquetípico fora até então descrito como uma antinomia entre instinto e espírito, esta alcança agora a mais extrema tensão entre "espírito e matéria" ou "espírito e mundo". Com isso, não se sugere apenas a ideia da possibilidade de uma "cunhagem" arquetípica do mundo e do cosmo;[36] mas Jung vê no arquétipo psicoide uma "ponte para o assunto em geral".[37] A rigorosa separação de psique e mundo é abolida. Em 1951, escreveu ele: "As 'camadas' mais profundas da psique perdem a sua singularidade individual à medida

---

[34] C. G. Jung, Ob. Compl., vol. VIII, p. 257. A formulação foi extraída do artigo: *Theoretische Überlegungen zum Wesen des Psychischen* [Considerações teóricas sobre a natureza do psíquico], que é a versão ampliada da palestra: "Der Geist der Psychologie" [O espírito da psicologia], Anuário Eranos, 1946.

[35] C. G. Jung, Apresentação da obra de E. Harding, *Frauen-Mysterien* [Mistérios femininos], p. IX: "O arquétipo é metafísico por transcender a consciência."

[36] Falaremos disso no capítulo "A Realidade Oculta."

[37] C. G. Jung, *Theoret. Überlegungen* [Considerações teóricas], Ob. Compl., vol. VIII, p. 242.

que aumentam a profundidade e a escuridão. 'Para baixo' quer dizer que, aproximando-se dos sistemas funcionais autônomos, se tornam progressivamente mais coletivas até se universalizarem e desaparecerem na materialidade do corpo, isto é, nas substâncias químicas. O carbono do corpo é simplesmente carbono. Portanto, 'no seu âmago', a psique é simplesmente 'mundo'."[38]

Essa nova caracterização do arquétipo como "psicoide", com todas as consequências que isso implica, é uma ampliação audaciosa senão lógica do modelo original do arquétipo como um todo antinômico e paradoxal. Seus aspectos complementares de largo alcance (como espírito e natureza, como elemento estrutural da psique e do mundo) explicam a sua aplicabilidade às ciências espirituais tanto quanto às ciências naturais e também por que a psicologia profunda pertence a ambos os campos.

CONSCIENTIZAÇÃO COMO DISCRIMINAÇÃO

A consciência é regida pela lei psicológica de que um conteúdo desconhecido ou inconsciente só pode ser apreendido pelo reconhecimento dos seus múltiplos aspectos ou pela discriminação do seu oposto. Noutras palavras, a discriminação de um único fato em dois ou mais aspectos, ou a oposição entre dois conteúdos, deve ser considerada o pré-requisito de todo ato de

---

[38] C. G. Jung, *Das göttliche Kind* [A criança divina], Ob. Compl., vol. IX, p. 187.

conscientização. Tornamo-nos conscientes do "movimento" através da "quietude", da "luz" pela "escuridão", da "morte" pela "vida", do "bem" pelo "mal". "Um ser sem opostos é completamente inconcebível, porque seria impossível estabelecer a sua existência."[39] A lei correspondente do ponto de vista do inconsciente é: desde que se torna consciente, um arquétipo se desfaz do seu caráter paradoxal e os seus opostos latentes se tornam manifestos; só dessa maneira ele pode emergir da ocultação do fundo psíquico e ser apreendido. Muitas vezes esse processo de conscientização ocorre gradativamente: com os conteúdos ainda não plenamente conscientes, os aspectos opostos estão de tal modo unidos que não podem ser claramente discriminados. É por isso que algumas figuras oníricas e da fantasia parecem tão proteicas, contraditórias ou paradoxais. Nas fantasias dos alquimistas, o tesouro que eles buscavam era uma pedra, que é um espírito. Mercurius é um espírito e também mercúrio, um velho e um menino. No início e no fim do processo, surge a figura dual do hermafrodita.

Mais próximo da consciência e percebido mais facilmente por ela é o fenômeno de um par de opostos, do qual duas coisas distintas participam, como aspectos complementares, de um único todo. Nos mitos e nos contos de fadas, esses pares surgem como céu e Terra, Sol e Lua, irmãos hostis, gêmeos, anjo e

---

[39] C. G. Jung, *Theoret. Überlegungen* [Considerações teóricas], Ob. Compl., vol. VIII, p. 239.

demônio, árvore do conhecimento e árvore da vida etc. Nos mitos da criação, igualmente, os constituintes e as criaturas do mundo existem como pares de opostos: luz e trevas, terra e água, vida e morte, macho e fêmea.

Assim que a consciência apreende o conteúdo inconsciente, o par se separa. A paridade original dos opostos – os aspectos bipolares de um único arquétipo paradoxal – se retira para uma distância que a consciência não pode mais alcançar. Nem sequer é possível concebê-la. Como podem espírito e matéria ser uma unidade? Ou psique e matéria? No lugar das imagens pressentidas da totalidade, porém ocultas ao pensamento lógico, emergem agora conceitos parciais claramente definidos e independentes – extraordinária realização da consciência humana na sua luta para compreender o mundo – porém ligados ao perigo do empobrecimento psíquico pela unilateralidade e ameaçados da perda de uma apreensão unitária da realidade.

Pela atenção que dedica não apenas ao inconsciente, mas também à consciência e, mais especialmente, por sua concepção do arquétipo como entidade psicoide e paradoxal, a psicologia profunda ocupa um lugar entre as ciências que hoje trabalham no sentido de gerar uma visão unitária do mundo. É esse o ponto de partida que Jung dá à questão do sentido, conforme será mostrado.

Capítulo 3

MÉTODO E ESTILO DE JUNG

O desenvolvimento do conceito de arquétipo na psicologia de Jung ilustra as características do seu método de pesquisa. A sua obra abrange mais de meio século de exploração científica de uma *terra nova*, o inconsciente, e dos arquétipos e suas manifestações. As questões psicológicas específicas surgem repetidamente nos seus primeiros e derradeiros escritos. Todas as vezes as respostas eram repensadas, verificadas e reformuladas; também, às vezes, ele utilizava noções novas. Com frequência, Jung examinava os problemas durante anos, até sentir que encontrara o caminho para a sua resposta final e o problema lhe parecesse ordenado e esclarecido. "Em primeiro lugar, eu fazia as observações e só então formulava penosamente os conceitos sobre o problema."[1] Esse é o modo de agir do pioneiro. Falando estritamente, as observações não ocupavam o primeiro lugar. Por trás delas, pairava uma imagem, um arquétipo, eu quase diria uma visão, que, passo a passo, era trazida para mais perto da realidade. Jung não poupava esforços no trabalho intelectual e de ampliação dos estudos e da observação, até que a imagem no seu espírito estivesse objetivamente apoiada e fosse corrigida e corroborada pelos fatos da realidade externa e interna. Esse método é característico do intuitivo, cuja "intuição" inicial se torna um conhecimento criativo, ao ser aplicada também à percepção e à observação dos fatos empíricos pelo sentimento. É possível acompanhar, no trabalho de Jung, exatamente como as novas ideias, as intuições ou hipóteses que, de início, eram apresentadas cautelosamente com a condição "eu suspeito" ou "parece-me", gradativamente se condensavam em ideias científicas solidamente fundamentadas.

As formulações e conclusões dos anos iniciais de sua *longíssima via* não são nem falsas, nem sem valor. Vistas da perspectiva dos últimos escritos, são apenas provisórias, em que nem tudo ainda foi considerado e muito ainda não foi reconhecido. Esse tipo de desenvolvimento está na própria natureza do assunto. As "últimas" conclusões da ciência são sempre as penúltimas. A ciência de amanhã as modificará, as completará, as reformulará

---

[1] C. G. Jung, *Theoret. Überlegungen* [Considerações teóricas], Ob. Compl., vol. VIII, p. 230.

ou chegará à nova compreensão. Também o significado dos conceitos muda.

Jung deixou de comparar suas formulações iniciais com as finais e nem sempre delimitou o sentido de um conceito de que se serviu a partir do significado que outros escritores lhe atribuíram. Não era sistemático e não escapa ao leitor atento de suas obras o fato de que a aplicação dos conceitos e a terminologia nem sempre são mantidas de modo coerente bem como que eventuais contradições e obscuridades despontam. Esses defeitos se devem apenas parcialmente à força impulsora do gênio criador que o impelia inexoravelmente para diante. A pesquisa científica era, para Jung, como ele próprio admitia, não apenas um assunto do intelecto, mas se impunha graças à própria experiência e à dos seus pacientes. Era "uma luta, muitas vezes amarga".[2] Desse modo, nem tudo o que ele criou "era escrito de forma intelectual, mas muito procedia também do coração, fato que o leitor interessado não deve deixar de observar, ao seguir a linha intelectual do pensamento, chegando às vezes a certos pontos falhos que não foram devidamente corrigidos".[3]

A atitude do pesquisador, que ao mesmo tempo curava e ajudava, era apoiada pela penetração nos enigmas da psique. Embora esta possa ser aprisionada em certo número de conceitos

---

[2] C. G. Jung, *Über die Psychologie des Unbewussten* [Sobre a psicologia do inconsciente], Ob. Compl., vol. VII, p. 129.

[3] Id.

e imagens, nunca pode ser totalmente apreendida. Quando o inconsciente coletivo participa do jogo, as declarações conceituais do psicólogo são válidas como verdades definitivas, somente dentro de certos limites. Além destes, trata-se frequentemente apenas de aproximações e paradoxos. É por isso que as formulações figuradas e até artísticas com que nos deparamos constantemente na obra de Jung são às vezes mais apropriadas e mais próximas da verdade do que as definições verbalmente claras. "A psique pertence ao âmago do mistério da vida." Qualquer afirmação que não atente para o mistério da psique é falsa do ponto de vista científico. Na física nuclear que, tal como a psicologia do inconsciente, tem de lidar com fatores irrepresentáveis, há, segundo Niels Bohr, "uma complementaridade entre a clareza e a correção de uma afirmação, de tal modo que uma declaração que é clara demais sempre contém algo falso. O desejo de Bohr de escrupulosamente evitar tudo o que não for correto levou-o a uma renúncia consciente da excessiva clareza".[4]

---

[4] Pascual Jordan, *Der Naturwissenschaftler vor der religiösen Frage* [O cientista em face da questão religiosa], Hamburgo, 1963, p. 341. Ver também: *Erinnerungen* (Memórias), de C. G. Jung, p. 375: "A linguagem que uso precisa ser ambígua, isto é, ter sentido duplo, para fazer jus ao aspecto dual da natureza psíquica. Esforço-me consciente e intencionalmente pela expressão ambígua, porque ela é superior ao caráter inequívoco e corresponde à natureza do ser. Conforme toda a minha tendência, eu bem poderia ser inequívoco. Isso não é difícil, mas prejudica a verdade. Deixo propositalmente soar juntos os sons agudos e graves, pois por um lado existem de qualquer forma e, por outro,

A observação dos fenômenos psíquicos constituía a base das pesquisas de Jung. As leis e relações que descobriu dessa maneira apresentam, através da sua obra, notável coerência. A ocasional falta de uniformidade terminológica, de formulação clara ou de precisão não é, realmente, anulada por isto, mas perde a sua importância básica.

---

fornecem uma imagem mais completa da realidade. Ser inequívoco só tem sentido na constatação dos fatos, mas não na sua interpretação..."

Capítulo 4

A REALIDADE OCULTA

FATORES DE ORDENAÇÃO NA NATUREZA

A hipótese de um inconsciente subjacente à consciência caracteriza a pesquisa psicológica neste século. Quase simultaneamente, as ciências naturais formularam a hipótese correspondente de uma realidade oculta que subjaz ao mundo fenomenal. Isso deu origem à analogia até agora não reconhecida entre as ciências naturais e a psicologia, de que citaremos alguns poucos exemplos.

Werner Nowacki, em seu livro *Die Idee einer Struktur der Wirklichkeit* [A ideia sobre uma estrutura da realidade],[1] parte da estrutura dos cristais, que é formada

---

[1] Notícias da Sociedade de Pesquisa da Natureza em Berna, Nova Série, vol. XIV. (Palestra 1954.)

por diferentes combinações de "elementos de simetria". Esses elementos – há ao todo trinta e dois deles – não são entidades materiais, mas abstratas ou "espirituais", com um efeito formador. Nowacki os chama "imagens primordiais". "Seria possível", escreve ele, "considerá-los fatores formais irrepresentáveis que organizam os planos do cristal como elemento material de um modo significativo que se ajusta à lei" e que se manifestam de modo visível somente nessa organização. Ele compara os elementos de simetria aos arquétipos e enfatiza a analogia significativa de suas funções. Significativa porque ocorre que tanto a psique como a matéria são estruturadas ou organizadas, de acordo com leis análogas, por fatores formais irrepresentáveis, isto é, as "imagens primordiais". Os cristais isolados, a concretização dos elementos de simetria, podem assumir várias formas, assim como no domínio da psique as configurações arquetípicas são variações intermináveis do "arquétipo em si".

Em biologia, foi principalmente Adolf Portmann quem chamou a atenção para a relação entre a vida visível da natureza e os "ordenadores" ou formas estruturais ocultas.[2] "Formação e nova formação no domínio dos organismos vivos não são uma produção de ordem a partir de um caos desordenado, são a produção

---

[2] A. Portmann, *Biologie und Geist* [Biologia e espírito], Zurique, 1957. Em 1937, já aparecera o trabalho de F. Alverdes: *Die Wirksamkeit von Archetypen in den Instinkthandlungen der Tiere* [A realidade dos arquétipos nos atos instintivos dos animais].

de ordem a partir de dada estrutura já ordenada."[3] Com a ajuda de numerosos exemplos extraídos da vida animal – o voo migratório dos pássaros, a luta entre a víbora e o camundongo, a relação entre a borboleta e a flor, a multiplicação dos radiolários unicelulares – Portmann mostra "como essa estrutura prévia de comportamento corresponde exatamente a algo arquetípico que a psicologia profunda encontra também no homem".[4] Uma expressiva confirmação disso é fornecida pela observação das toutinegras que, desde o momento da incubação, foram criadas em completo isolamento, longe de qualquer contato com a sua espécie. Cada pássaro engaiolado foi posto num local diferente ao ar livre cada noite e, na época do voo migratório – com o céu sem Lua, mas cheio de estrelas –, pôde-se observar uma nervosa agitação dos pássaros, sendo sempre as tentativas de voo na direção costumeira que tomavam durante a sua migração. Aparentemente, as toutinegras, mesmo em cativeiro, se orientavam pela direção hereditária do trajeto. Experiências complementares, num planetário, onde o céu estrelado artificial era apresentado em posições cambiantes, não apenas corroboraram esse estranho comportamento, mas também o explicaram: é a imagem do céu estrelado, com as suas constelações, que contém os fatores que permitem encontrar a direção. Uma vez que os pássaros foram

---

[3] A. Portmann, *Gestaltung und Lebensvorgang* [Configuração e processo de vida], Anuário de Eranos, 1960, p. 330.

[4] A. Portmann, *Das Lebendige als vorbereitete Beziehung* [A vida orgânica como relação prévia], Anuário de Eranos, 1955, p. 504.

isolados, não poderia se tratar de comportamento aprendido ou imitado, de modo que se deve concluir que uma imagem do céu estrelado é inata na toutinegra e que a orientação do voo migratório depende dessa imagem – uma admirável organização da vida orgânica que levou Portmann a indagar: "Teriam os defensores da ideia de que a relação com o mundo repousa numa base arquetípica levado a sua fantasia a tais voos conjecturais?"[5]

No caso dessas organizações ou instintos, tal como nos arquétipos, trata-se de sistemas de prontidão inatos e irrepresentáveis, que atuam de modo formador sobre o processo biológico que "prepara" a vida. Portmann os faz remontar a uma "base fundamental de elementos desconhecidos" a partir da qual nosso próprio comportamento se origina, uma vez que elementos igualmente desconhecidos, os arquétipos, formam nossas experiências e ações que consideramos conscientes.[6] A investigação do instinto levou a biologia a uma esfera não mais apreensível cientificamente. É um "abismo de mistério não espacial", que se revela por trás do organismo vivo ou em sua origem, e que, como diz Portmann, o homem encontra repetidamente ao examinar a sua atividade espiritual.[7] Ele também sugere que a "base

---

[5] A. Portmann, *Sinndeutung als biologisches Problem* [A interpretação do sentido como problema biológico], Anuário de Eranos, 1957, pp. 500 e segs.

[6] A. Portmann, *Freiheit und Bindung in biologischer Sicht* [Liberdade e prisão na perspectiva biológica], Anuário de Eranos, 1962, p. 443.

[7] A. Portmann, *Gestaltung als Lebensvorgang* [Configuração e processo de vida], Anuário Eranos, 1960, p. 363.

fundamental de elementos desconhecidos" que está por trás dos processos biológicos, por um lado, e do fundo psíquico, o inconsciente, por outro, pode ser o único e mesmo elemento oculto e irrepresentável.

A física também, nas suas mais recentes pesquisas, postulou uma "ordem" transcendental e autônoma, que age formativamente não apenas na matéria, mas também no espírito do homem. "De certo modo, não poderemos evitar a conclusão", escreve o físico teórico Walter Heitler, "de que também existe alguma coisa espiritual fora de nós, um princípio espiritual que está ligado tanto às leis e aos eventos do mundo material como à nossa atividade espiritual. Quer dizer, somos levados às fronteiras da metafísica".[8] Pauli fala dos "postulados de uma ordem cósmica independente da nossa escolha e distinta do mundo dos fenômenos", ou, mais exatamente, "uma ordem considerada objetiva, à qual estão sujeitas tanto a psique daquele que percebe como aquilo que é reconhecido na percepção".[9]

A prova de tal ordem é fornecida, por exemplo, pela matemática. A matemática é uma criação espiritual do homem; no entanto, tem sido algumas vezes demonstrado que as complexas leis matemáticas descobertas por ele subsequentemente encontram o seu campo de aplicação nos processos e comportamentos da natureza

---

[8] W. Heitler, *Der Mensch und die naturwissenschaftliche Erkenntnis* [O homem e o conhecimento científico], 3ª ed., Braunschweig, 1964, p. 38.

[9] W. Pauli, *Kepler*, pp, 111 e segs.

exterior. Constatou-se, por exemplo, que as órbitas dos planetas obedecem a leis de uma geometria extraordinariamente complicada, descoberta e aplicada pelo homem independentemente das observações astronômicas. Isso parece muito espantoso e só pode ser explicado satisfatoriamente pela "organização" transcendental pela qual são cunhados tanto o homem como a natureza, ou o pensamento humano e o cosmo. "A física clássica, com as complexas leis matemáticas segundo as quais opera", escreve Heitler, "já nos compeliu a concluir que a nossa mente está, de algum modo, intimamente ligada ao mundo exterior, e é somente esta relação que nos permite reconhecer essas leis".[10]

Entre os físicos, foi Pauli quem construiu a ponte com a psicologia do inconsciente, utilizando para isso o conceito de arquétipo psicoide. Segundo ele, a íntima relação entre a mente humana e o mundo exterior (deixada sem explicação pelo "de algum modo" de Heitler) se deve ao fato de que as nossas ideias são organizadas de maneira ordenada por esses arquétipos. Como elementos estruturais psicoides, eles são os veículos dessa ordem autônoma e transcendental, considerada objetiva, que une espírito e mundo. Funcionam, repetindo Pauli, "como a ponte procurada entre as percepções sensoriais e as ideias, e são, consequentemente, um pressuposto necessário ao nascimento de uma teoria científica da natureza. Entretanto, é preciso evitar

---

[10] W. Heitler, L. C., p. 38.

transferir este *a priori* do conhecimento para a consciência e relacioná-lo com ideias definidas suscetíveis de formulação racional".[11] Com referência à atual falta de uma "visão global do mundo", Pauli exige que "a investigação do conhecimento científico orientada para o exterior seja posta ao lado de uma investigação desse conhecimento orientada para o interior (quer dizer, do pressuposto arquetípico), porque só combinando ambas as direções de pesquisa é que se poderá adquirir uma completa compreensão".[12]

Para Jung, uma indicação da existência de uma unidade transcendental de psique e mundo foi fornecida pelas chamadas "percepções extrassensoriais" (sonhos que se realizam, clarividência, precognição etc.) que são pesquisadas pela parapsicologia, a "fronteira entre a física e a psicologia".[13] Nesses fenômenos, trata-se, por exemplo, de um acontecimento externo que pode ser inacessível à percepção sensorial e, no entanto, é experimentado como um evento interno (digamos um sonho ou uma intuição). Ambos os eventos, muitas vezes bastante separados no tempo e no espaço, podem ser compreendidos como coordenados por um único e mesmo arquétipo: a sua unidade psicoide

---

[11] W. Pauli, *Kepler*, pp. 112 e segs.

[12] Id., p. 163.

[13] W. Pauli, *Aspekte der Ideen vom Unbewussten* [Aspectos das ideias sobre o inconsciente], in: *Dialectica*, vol. VIII, nº 4, p. 229, dezembro, 1954.

reside no processo de separar-se, de modo que ele surge aqui como uma realidade física e ali como uma realidade psíquica.[14]

CIÊNCIAS NATURAIS E RELIGIÃO

Uma representação do mundo construída apenas sobre fatos externos imediatamente discerníveis não satisfaz mais à ciência nos nossos dias. Mesmo conceitos metafísicos como o oculto "fundamento do ser" e os elementos estruturais do espírito e os elementos metafísicos como o arquétipo psicoide incluem-se nela como fatores codeterminantes. Isso assinala um rompimento com a tradição intelectual que dominou a ciência desde o século XVII. Foi então que as ciências naturais desenvolveram o pensamento quantitativo e ocasionaram a ruptura entre a visão científica e a visão metafísica ou religiosa do mundo moderno.[15] Nos séculos seguintes, os caminhos da ciência e da religião divergiram cada vez mais. Isso teve a vantagem inicial de permitir aos investigadores um trabalho mais livre, e o nosso conhecimento da natureza explorou profundezas jamais imaginadas. As ciências físicas, tendo a tecnologia no seu rastro, conquistaram o mundo.

---

[14] Ver pp. 235 e segs. (*Sincronicidade*).

[15] W. Pauli menciona, em sua obra sobre Kepler, a controvérsia entre o rosa--cruz e alquimista Robert Fludd (1574-1637) e o cientista da natureza Johannes Kepler (1571-1630) como exemplo da primeira divergência entre a posição religiosa-filosófica medieval e o moderno ponto de vista quantitativo relativo à natureza.

Contudo, esse gigantesco crescimento técnico-científico, que ainda hoje continua a progredir, não triunfou sem perdas. O cosmo se tornou quase desprovido de alma e os fenômenos naturais tiveram roubada a sua espiritualidade. Cada vez mais, os aspectos biológicos e físicos eram considerados a realidade absoluta e as tendências materialista e mecanicista da ciência questionaram a dignidade do homem como um ser espiritual. Diante dessa unilateralidade, o mais significativo de tudo é que a ciência natural hoje se defronta novamente com um elemento espiritual que opera autonomamente e com isso se vê colocada nas fronteiras da metafísica.

"Explorando o macrocosmo, (o homem) chega finalmente a uma unidade final irrepresentável de espaço-tempo, massa-energia, matéria-campo – e se vê diante de um elemento altíssimo e imutável, que desde a eternidade formou o fundamento do mundo, além do qual não é permitido haver mais desenvolvimento", escreve Lincoln Barnett, em seu livro *Einstein e o Universo*.[16] Dessa perspectiva não há senão um breve passo até a visão religiosa: o homem, "que se encontra entre o macrocosmo e o microcosmo", prossegue Barnett, "se encontra limitado por barreiras de ambos os lados. Talvez tenha que chegar à mesma conclusão de Paulo, que diz: 'porque através Dele tudo o que existe no céu e na Terra foi criado, o visível e o invisível'".[17]

---

[16] Frankfurt/M-Hamburgo, 1952, p. 143

[17] Id; pp. 145 e segs.

A ressonância religiosa é claramente perceptível em James Jeans: "O espírito não nos parece mais um intruso no domínio da matéria; começamos a desconfiar de que devemos, de preferência, saudá-lo como o criador e soberano do reino da matéria",[18] e o postulado de Heitler de um "princípio espiritual", autônomo e regulador, "existente fora de nós", se aproxima muito do que imaginamos ser um "princípio divino". Bernhard Bavink expressou isso de maneira simples e sucinta ao declarar: "Fundamentalmente, fazer a física nada mais significa do que enumerar os atos criadores elementares de Deus". Bavink escreveu essas palavras em 1948, numa obra significativamente intitulada *Die Naturwissenschaft auf dem Wege zur Religion* [A ciência natural no caminho da religião].

Como vimos, a biologia também chegou aos limites do metafísico ou religioso: o que Portmann aplica como noção de um "fundamento misterioso" irrepresentável, que contém as estruturas da vida orgânica, de uma "gigantesca esfera desconhecida do mistério", só pode ser finalmente entendido como um circunlóquio de um conteúdo religioso; este se aproxima bastante do circunlóquio teológico sobre Deus como "fundamento do ser".

Nos últimos anos, os mais importantes investigadores da natureza expuseram as suas ideias filosóficas e religiosas. A maioria deles — abrangendo Einstein, Heisenberg, von Weizsäcker,

---

[18] Citado segundo o prefácio de F. Dessauers para a obra de B. Bavink, *Die Naturwissenschaft auf dem Wege zur Religion* [A ciência natural no caminho da religião], Basileia, 1948, p. 15.

Oppenheimer, Bohr, Jeans, Heitler e outros – dirige-se não apenas aos seus colegas profissionais, mas, antes de tudo, aos homens de seu tempo que buscam uma resposta para as suas questões. O grande número de edições de suas obras mostra haver uma larga necessidade de aprender mais sobre os aspectos religiosos e espirituais da pesquisa científica. Pode ser que esse interesse indique uma presteza em pôr de lado a unilateralidade da imagem materialista do mundo, em troca de uma visão mais unificada e dar validade novamente aos fatores religiosos e espirituais num novo nível. Se essa suposição estiver correta – e a presente situação confirma isso – poderia haver alguma verdade no velho dito de que o primeiro gole do copo do conhecimento separa o homem de Deus, mas, no fundo do copo, Deus de novo espera aqueles que o procuram.[19]

Evidentemente, agora não se trata mais de retornar à atitude mental da Idade Média, nem de abandonar a ciência e o pensamento científico. "O momento é, no entanto, propício", diz Heitler, "a que comecemos a nos tornar conscientes das questões metafísicas que se ocultam por trás das leis da natureza, mesmo que agora não as possamos resolver (ou como cientistas não tenhamos a intenção de fazê-lo). De qualquer modo, porém, devíamos cessar de oferecer como "imagem do universo" essa máquina sem sentido, quantitativa e determinista apresentada

---

[19] Citado segundo C. F. von Weizsäcker, *Die Geschichte der Natur* [A história da natureza], 5ª ed., Göttingen, 1962, p. 117.

nos nossos dias como resultado da pesquisa científica."[20] Jung foi um dos primeiros, neste século, a voltar as costas à imagem racionalista do mundo ou da "máquina sem sentido, quantitativa e determinista", bem como a trilhar novos caminhos de pensamento e de investigação. O inconsciente coletivo, introduzido por ele em psicologia, é um "abismo transcendental de mistério", no qual os arquétipos são fatores invisíveis de ordenamento. Ele é um princípio autônomo que atua "fora de nós", isto é, fora do nosso mundo consciente, um "campo-primordial-de-espaço-tempo". Contudo, a concepção de Jung difere da dos cientistas físicos no fato de que ele não designou nem o inconsciente coletivo nem o arquétipo como um "princípio espiritual". Como vimos, as suas pesquisas e reflexões o levaram à conclusão de que ambos são "psicoides", e isso implica dizer que são de natureza paradoxal, tanto material como espiritual. A psicologia tampouco está apenas ocupada com uma relação entre o princípio transcendental e a atividade espiritual do homem na edificação de uma teoria; mais exatamente, o homem, em sua totalidade, está exposto às operações autônomas do inconsciente psicoide. Como *modelos* arquetípicos, elas exercem um efeito ordenador no seu pensamento e conhecimento, do mesmo modo que na sua vida psíquica e biológica (instintos). São o substrato existencial do homem total e da maneira como ele vive.

---

[20] W. Heitler, *Der Mensch und die naturwissenschaftliche Erkenntnis* [O homem e o conhecimento científico da natureza], p. 61, nota 1.

A NUMINOSIDADE DO INCONSCIENTE

O postulado de uma ordem espiritual transcendente colocou as modernas ciências físicas em face de um fator religioso. O mesmo é verdadeiro quanto à psicologia do inconsciente: as manifestações da psique transconsciente e dos arquétipos, a que devemos voltar agora, trazem com elas uma aura de numinosidade, e são descritas como experiências de natureza religiosa. Em ambos os domínios, a **numinosidade emanada da autonomia do princípio espiritual atuante** postulado pelos cientistas físicos está além do controle humano e, nos arquétipos, parece haver uma intencionalidade imanente que a mente consciente experimenta como uma força superior, como algo "inteiramente estranho e incomum, e até mesmo hostil".

Como exemplo da ação autônoma do inconsciente na vida do **indivíduo**, Jung citava com frequência a história do paciente atormentado por grave neurose de angústia. Ele sofria de um carcinoma imaginário, embora os melhores médicos tivessem garantido inúmeras vezes que gozava de perfeita saúde. O paciente sabia muito bem que os médicos estavam **certos**; no entanto, o "estranho" nele se mostrava mais forte do que a verdade médica objetiva e do que a sua própria razão. A angústia voltava sempre. Que força demoníaca estava em ação nesse caso? Quem o estava castigando com esse medo mortal? O tratamento psicoterápico pôde fazer subir à consciência o fundo psíquico e religioso inconsciente desse medo, depois do que a quimera angustiante desapareceu.

Os casos pouco conhecidos de pessoas que passam por experiências visionárias no momento da morte revelam com frequência a numinosidade do inconsciente e seu dinamismo. Eis um exemplo: depois de sofrer vários ataques de apoplexia, uma mulher de 84 anos, com uma personalidade muito alterada, ficou num estado de impotência física e insanidade mental. Não reconhecia mais ninguém, nem mesmo os filhos. Poucos dias antes de morrer, pareceu despertar de um profundo coma. Apontou para o canto do quarto e disse, falando com tranquilidade e clareza: "Ali está o Sagrado!". E, depois de um momento: "Ele esteve comigo durante centenas de anos. Sagrado, sagrado, sagrado." Quando mergulhou novamente num estado de inconsciência, seus lábios continuaram formando a palavra "sagrado" mais algumas vezes.

O que aconteceu neste caso foi mais espantoso, porque a moribunda era uma pessoa voltada para as realidades palpáveis e quase não manifestava qualquer interesse pelas questões religiosas ou psicológicas. Mas, naquele momento, o inconsciente irrompeu como um veículo autônomo com o seu conteúdo intemporal. Nessas e em outras experiências similares,[21] o ego ou o que resta dele, mergulhando no inconsciente, parece se deparar com imagens que estão fora do controle da vontade e cuja intensidade e magnificência são absolutamente inconcebíveis no estado nor-

---

[21] Ver G. Adler, *Die Sinnfrage in der Psychotherapie* [A questão do sentido na psicoterapia], em Ensaios do Instituto C. G. Jung, vol. XVII, pp. 9 e segs.

mal de consciência. Mesmo um observador que só as experimenta indiretamente é tomado fortemente pela sua numinosidade.

O inconsciente é uma esfera oculta e transcendental do ser, uma realidade incognoscível. É por isso que não podemos perceber diretamente os seus efeitos e o seu poder. Sendo autônomos, o homem não pode controlá-los: "não pode livrar-se ou fugir deles, e, por conseguinte, sente-os como relativamente irresistíveis".[22] É a sua irresistibilidade que lhes dá numinosidade e compele o homem a designá-los como "divinos". "Reconhecendo que não surgem da sua personalidade consciente, o homem dá a esses poderes o nome de mana,[23] demônio[24] ou Deus. A ciência emprega o termo 'inconsciente', admitindo desse modo que não sabe nada sobre ele, pois não pode saber nada sobre a substância da psique, quando o único meio de conhecer algo é a psique. Portanto, a validade de termos como mana, demônio ou Deus não pode ser nem afirmada nem negada. Podemos, contudo, verificar que o sentimento de estranheza ligado à experiência de algo aparentemente objetivo é autêntico... Consequentemente, prefiro o termo 'inconsciente', sabendo que poderia igualmente falar de 'Deus' ou 'demônio', se desejasse expressar-me em linguagem mítica. Quando realmente uso essa

---

[22] *Erinnerungen von C. G. Jung* [Memórias de C. G. Jung], p. 339.

[23] O que é extraordinariamente ativo.

[24] Jung focaliza menos a noção conhecida pela psicologia primitiva do que o "demoníaco" no sentido de Goethe.

linguagem mítica, sei que 'mana', 'demônio' e 'Deus' são sinônimos de inconsciente, isto é, não sabemos nem mais nem menos sobre eles do que sobre este. As pessoas apenas *creem* saber muito mais sobre eles e, para certos fins, essa crença é muito mais útil e eficaz do que um conceito científico."[25]

Essa passagem é extraída das memórias de Jung. Ela recapitula e sintetiza o que ele disse em inúmeros escritos e verificou a partir de dados psíquicos. No retrospecto das memórias, destila a essência da sua experiência religiosa e da sua investigação dos fenômenos religiosos.

Seria, no entanto, um erro se a impossibilidade de distinguir "Deus" do "inconsciente" levasse alguém a deduzir a partir da sua sinonímia que Jung afirmava ou presumia a identidade de ambos. Esse é um dos mal-entendidos mais comuns imputados à sua psicologia da religião. O caráter indistinguível refere-se tão-somente à experiência, não à reflexão do experimentado. Na cautelosa declaração de Jung: "Isso não quer dizer que o que chamamos de inconsciente seja idêntico a Deus ou esteja colocado em seu lugar. É simplesmente o meio a partir do qual

---

[25] *Erinnerungen von C. G. Jung* [Memórias de C. G. Jung], pp. 338-9. Ver também C. G. Jung, *Antwort auf Hiob* [Resposta a Jó], Ob. Compl., vol. XI, pp. 502 e seg.: "Só podemos constatar que a divindade atua sobre nós por meio da psique, porém não somos capazes de distinguir se esses efeitos provêm de Deus ou do inconsciente, isto é, se a divindade e o inconsciente seriam dois elementos diferentes. Ambos são noções limítrofes de conteúdos transcendentais."

parece fluir a experiência religiosa. Quanto ao que possa ser a causa mais longínqua de tal experiência, a resposta está além do alcance do conhecimento humano. O conhecimento de Deus é um problema transcendental."[26] Embora Deus e o inconsciente não possam ser distinguidos em nossa experiência subjetiva como entes autoexistentes, não se pode admitir de antemão que sejam idênticos. O que, de fato, surge da insondabilidade, tanto de Deus como do inconsciente, é a sinonímia dos dois conceitos.

APARÊNCIA E REALIDADE

A distinção em que Jung insiste entre o que é subjetivamente experimentado ou percebido (o conteúdo arquetípico na consciência) e o que existe em si mesmo (o arquétipo *per se*) caracteriza o fundamento epistemológico da sua obra desde os seus primórdios. Ele se reporta repetidamente a Kant e à sua *Crítica da Razão Pura*, que afirma "não poder haver nenhum conhecimento empírico que já não esteja preso e limitado pela estrutura *a priori* da percepção".

Jung viu, na teoria kantiana das categorias, um renascimento do espírito platônico.[27]

---

[26] C. G. Jung, Gegenwart und Zukunft [Presente e futuro], Ob. Compl., vol. X, p. 323.

[27] Ver C. G. Jung *Mutterarchetypus* [O arquétipo-mãe], Ob. Compl., vol. IX, 1ª ed., p. 92. Jung se opôs à afirmação de que sua psicologia seria também uma filosofia. Entendia como filosofia uma ciência que opera com constatações

O físico moderno admite as mesmas limitações epistemológicas, particularmente desde as pesquisas dos processos subatômicos. Numa passagem que se tornou famosa, Heisenberg declara que "não podemos mais contemplar em si mesmas essas pedras de construção da matéria que originariamente sustentávamos ser a realidade objetiva final. Isso devido ao fato de elas desafiarem todas as formas de localização objetiva no espaço e no tempo, e desde que basicamente é sempre exclusivamente o nosso conhecimento dessas partículas que constitui o objeto da ciência".[28] Por esse motivo, na ciência natural, "o objeto da pesquisa não é mais a natureza em si, mas a natureza exposta ao questionamento humano, e nisso o homem novamente se defronta consigo mesmo".[29] Da mesma maneira, C. F. von Weizsäcker afirma: "O homem tenta penetrar na verdade fatual da natureza, mas, nas suas regiões mais fundas e insondáveis, encontra, repentinamente, como num espelho, a si mesmo."[30]

---

metafísicas, enquanto a psicologia é antes de tudo uma ciência experimental, e se baseia na observação dos fatos e na interpretação deles. Nesse sentido, também uma noção hipostática, a exemplo de que o *self* é uma noção experimental. Porém, na premissa epistemológica de Jung, em que se baseia toda a sua obra, deve ser considerado o aspecto filosófico de sua ciência.

[28] *Das Naturbild der Heutigen Physik* [A imagem da natureza na física atual], Hamburgo, 1956, p. 18.

[29] Id.

[30] *Die Geschichte der Natur* [A história da natureza], Göttingen, 5ª ed., 1962, p. 45.

O homem não pode observar nem Deus, nem a natureza, nem o inconsciente "em si mesmos". "Estamos plenamente conscientes de não termos mais conhecimento dos vários estados e processos do inconsciente como tais do que o físico dos processos subjacentes aos fenômenos físicos. Aquilo que está além do mundo fenomenal, não podemos absolutamente imaginar.[31] A única coisa de que temos conhecimento imediato é a imagem psíquica refletida na consciência. Na medida em que o mundo não assume a forma de uma imagem psíquica, ele é virtualmente inexistente.[32]

O "caráter objetivável da natureza" desaparece quando se observa o átomo (C. F. von Wizsäcker).[33] Não é mais possível

---

[31] C. G. Jung, Theoret. Überlegungen [Considerações teóricas], Ob. Compl., vol. VIII, p. 255. Ver também Mysterium Coniunctionis, Ob. Compl., vol. XIV, 2ª ed., p. 332: "Que o mundo se apoia interna e externamente em bases transcendentais é tão certo como a nossa própria existência. Mas também é igualmente certo que a contemplação imediata do mundo arquetípico interno é, no mínimo, tão duvidosamente certa como a do mundo físico externo."

[32] C. G. Jung, Psychologischer Kommentar zu "Das Tibetanische Buch der Grossen Befreiung" [Comentário psicológico da obra O Livro Tibetano da Grande Liberação], Ob. Compl., vol. IX, p. 517. Quanto a isso, o trecho diz: "O ser psíquico é, na verdade, a única categoria de ser da qual temos conhecimento imediato, porque nada pode ser conhecido se não se apresenta como imagem psíquica. Só a existência psíquica é imediatamente comprovável. Se o mundo não aceita a forma de uma imagem psíquica, ele praticamente não existe." [O Livro Tibetano da Grande Liberação. Ed. Pensamento, São Paulo, 1987.]

[33] C. F. von Weizsäcker, Das Verhältnis der Quantenmechanik zur Philosophie Kants [A proporção da mecânica dos quanta em relação à filosofia de Kant] in: Die Tatwelt, nº 17, 1941. Citado segundo G. Süssmann, C. F. von Weizsäcker als

falar do comportamento de uma partícula atômica independentemente do processo de observação (W. Heisenberg),[34] assim como não se pode falar do comportamento do inconsciente independentemente do processo de observação. Como na física nuclear as partículas se alteram ao serem observadas, do mesmo modo se modifica a aparência do arquétipo ao ser percebido, de acordo com a consciência individual em que surge.[35] "Entre consciente e inconsciente há uma espécie de 'relação de falta de nitidez', porque o observador é inseparável do observado", escreveu Jung em *Aion*.[36] O mesmo é verdadeiro para todas as ciências espirituais e sociais: aqui também a observação dos processos particulares é restringida pela relação de falta de nitidez. Até

---

theoretischer Physiker und Philosoph [C. F. von Weizsäcker como físico teórico e filósofo], Folha da Bolsa do Comércio do Livro Alemão, 8 de outubro de 1963.

[34] *Das Naturbild der heutigen Physik* [A imagem da natureza na física atual], p. 12.

[35] Ver C. G. Jung, *Archetypen des koll. Unbewussten* [Os arquétipos e o inconsciente coletivo], Ob. Compl., vol. IX, 1ª ed., p. 15: "O arquétipo representa essencialmente um conteúdo inconsciente que se modifica pela conscientização dele e ao ser percebido, e isso de acordo com a consciência individual na qual ele surge."

[36] Ob. Compl., vol. IX, 2ª ed., p. 242. Ver W. Heisenberg, *Das Naturbild der heutigen Physik* [A imagem da natureza na física atual], p. 18: "Desde o começo, estamos envolvidos numa discussão entre a natureza e o homem, em que a ciência natural representa apenas uma parte, de modo que as divisões correntes do mundo em sujeito e objeto, mundo interior e exterior, corpo e alma, não são mais adequadas e nos levam a dificuldades."

mesmo a ciência histórica é incapaz de nos dizer "o que realmente ocorreu", pois outra vez sujeito e objeto, observador e observado, não se deixam separar completamente.[37] Por essa razão, a história, como disse Theodor Lessing (1872-1933), é a "atribuição de sentido ao que não tem sentido". A afirmação de Niels Bohr de que "a situação atual em física é um eloquente lembrete da velha verdade de que somos mais espectadores do que protagonistas no grande drama da existência"[38] pode-se aplicar com igual direito à presente situação das ciências espirituais e sociais, e, acima de tudo, à psicologia do inconsciente.

Desde o início, Jung concentrou sua pesquisa na análise e interpretação daquilo que existe de conhecimento e fenômenos como imagem psíquica, sabendo que a realidade além dos conteúdos do consciente "é, na verdade, tão indubitável quanto a nossa própria existência", permanecendo, no entanto, um mistério insondável. Por conseguinte, o caráter de indistinguibilidade de Deus e do inconsciente aplica-se meramente à experiência subjetiva e, desse modo, deve ser considerado na interpretação das asserções religiosas espontâneas dos indivíduos e na análise dos mitos e dogmas. Nas experiências religiosas, também "o homem encontra a si mesmo", ou antes, encontra o

---

[37] Ver J. R. von Salis, *Geschichte als Prozess* [A história como processo] in: *Transparente Welt* [Mundo transparente]. Artigo comemorativo do sexagésimo aniversário de Jean Gebser, Berna, 1965, p. 60.

[38] Citado em E. Zimmer, *Umsturz im Weltbild der Physik* [Revolução na imagem cósmica da física], Munique, 1961, p. 374.

self. A distinção entre a aparência (a imagem ou conteúdo psíquico subjetivamente experimentado) e uma realidade "objetiva" oculta por trás dela exige uma percepção profunda e uma intensificação da consciência. Ela complementa a experiência através da reflexão sobre o experimentado. Com frequência, no entanto, isso é como uma perda do seu caráter imediato ou como uma diminuição e efetiva depreciação do seu conteúdo, especialmente quando este diz respeito à esfera da religião. A diferenciação entre a realidade oculta e o seu aparecimento na consciência constituía, para Jung, o fundamento epistemológico essencial do seu pensamento psicológico e da sua obra.

A NUMINOSIDADE DO *SELF*

A relação da alma com a realidade religiosa não depende apenas do inconsciente, sinônimo de Deus. Igualmente importante é o fato de que os símbolos do *self*, o arquétipo que representa a "essência da totalidade psíquica", não podem ser distinguidos dos símbolos de Deus.[39] As incontáveis simbolizações dessa "totalidade

---

[39] Ver C. G. Jung, *Antwort auf Hiob* [Resposta a Jó], Ob. Compl., vol. XI, p. 503: "Falando estritamente, a imagem de Deus não coincide com o inconsciente como tal, mas com um conteúdo especial dele, ou seja, o arquétipo do *self*. É desse arquétipo que não podemos distinguir mais a imagem de Deus empiricamente". Goethe, aos 81 anos, disse quase a mesma coisa a seu amigo F. v. Müller: "Nenhum ser orgânico corresponde inteiramente à ideia que lhe é subjacente; por trás de cada um existe a ideia superior. Esse é o meu Deus,

de consciente e inconsciente" (antropos, criador, pai, mãe, filho, luz, palavra, trindade, quaternidade, círculo etc.) são também antigos e veneráveis símbolos de Deus, e, quando São Paulo fala de "Cristo dentro de mim" (Gal. 2:20), o filho de Deus deve ser entendido, nesse sentido, como um símbolo do *self*, o núcleo mais profundo da personalidade. Considerando o caráter indistinguível dos conceitos de "Deus" e de "inconsciente", a ênfase incide no ordenador incognoscível que está por trás, naquilo que o biólogo chama "abismo de mistério" e o físico, "princípio transcendental". No caso do caráter indistinguível dos símbolos do *self* e das imagens de Deus, a tônica recai na relação do indivíduo com Deus.

O arquétipo do *self* é simbolizado, na psique, como uma *imago dei*, uma imagem de Deus, que, do mesmo modo que o inconsciente, não deveria ser identificada com Deus e muito menos – mal-entendido frequente – substituí-lo. Em *Psychologie und Alchemie* [Psicologia e alquimia] Jung escreveu: "Consequentemente, ao afirmar como psicólogo que Deus é um arquétipo, refiro-me, com isso, ao tipo na psique. A palavra 'tipo', como sabemos, deriva de *typos* – cunhagem, impressão. Assim, um 'arquétipo' pressupõe um impressor."[40] Na obra de Jung, não se toca no "impressor": "Simplesmente não conhecemos a origem

---

o Deus que todos nós estamos eternamente buscando e esperamos contemplar, mas só podemos intuí-lo, e não vê-lo".

[40] C. G. Jung, *Psychologie und Alchemie* [Psicologia e alquimia], Ob. Compl., vol. XII, p. 28.

última do arquétipo."[41] A avaliação que Jung faz da possibilidade de conhecimento não é, de modo algum, negativa, baseada que é numa realidade que transcende o homem e a vida e, portanto, inconcebível. Assim, ele "reserva" para a psicologia "a pobreza ou riqueza do desconhecimento sobre o *self*".[42] A psicologia dirige a atenção não para o impressor, nem mesmo para o *self* como tal; limita-se à investigação da impressão, das manifestações que o arquétipo produz na psique humana. O próprio *self* é um modelo construído pela psicologia somente a partir dos seus efeitos. O fato de a psicologia ter demonstrado o caráter numinoso dos fenômenos arquetípicos e as afinidades destes com as expressões religiosas é uma das suas mais significativas conquistas.

---

[41] Id., id. Ver também p. 214: "Posso definir o *self* como a totalidade da psique consciente e inconsciente. Essa totalidade transcende a nossa visão porque, na medida em que o inconsciente existe, não é definível; sua existência é um mero postulado e não se pode dizer absolutamente nada a respeito de seus possíveis conteúdos. A totalidade é empírica somente em suas partes e no sentido em que estas são conteúdos da consciência; mas, *como* totalidade, transcende necessariamente a consciência. Por conseguinte, o *self* é um puro conceito limítrofe… É uma ideia que se evidencia constantemente de modo empírico – como mostram os nossos sonhos – sem, porém, perder nada da sua transcendência. Desde que não temos a possibilidade de conhecer os limites de algo que nos é desconhecido, segue-se que não estamos em condições de estabelecer nenhum limite para o *self*".

[42] C. G. Jung, *Über den indischen Heiligen* [Os homens santos da Índia] Introdução à obra de Heinrich Zimmer, *Der Weg zum Selbst* [O caminho para o *self*], Ob. Compl., vol. XI, p. 626.

UM PARALELO CABALÍSTICO

Divindade e inconsciente são conceitos sinônimos. Não é possível distinguir os símbolos do *self* dos símbolos de Deus. Essas são duas constatações psicológicas fundamentais. No primeiro caso, trata--se de algo incognoscível e, no segundo, de um conteúdo específico, cognoscível, que não pode ser distinguido de Deus. Na história da religião, essa aparente contradição encontra um paralelo nos mitos de Deus como um ser inefável e insondável, que é, ao mesmo tempo, pintado em imagens sacrossantas e símbolos considerados válidos. No misticismo judaico da Cabala, por exemplo, ao lado da afirmação de que Deus é oculto, incognoscível e não deve ser nomeado, há numerosas formulações ilustrativas do ser divino e declarações simbólicas sobre aspectos claramente definidos da divindade. Essa justaposição constitui um dos principais temas da introdução à obra de Gershom Scholem, *Die jüdische Mystik in ihren Hauptströmungen* [Tendências fundamentais do misticismo judaico[43] e do seu ensaio *Die mystische Gestalt der Gottheit in der Kabala* [A figura mística da Divindade na Cabala].[44]

O insondável Deus oculto "permanece eternamente incognoscível nas profundezas do Seu ser". Por sua própria natureza, ele não pode – como diz um cabalista anônimo do século XIII – ser objeto de nenhuma comunicação. Consequentemente, não se alude a ele em nenhuma parte dos primitivos registros de

---

[43] Zurique, 1957, ver. pp. 21 e segs.

[44] Anuário de Eranos, 1960, ver. pp. 164 e segs.

revelação, nos livros canônicos da Bíblia e na tradição rabínica. Circunlóquios como "Origem das Origens", "Grande Realidade" e "Unidade Inalterável" são usados como artifícios para descrever o indescritível. Um dos mais sugestivos desses circunlóquios encontra-se na principal obra da antiga Cabala, o Zohar ("Livro do Esplendor", do século XIII). Ali, a mais elevada designação do Deus oculto é "Ain-Soph", que, de maneira bastante surpreendente, deve-se traduzir não como "Aquele que é Infinito", mas "Aquilo que é Infinito". Com esse termo neutro, o misticismo judaico evita qualquer nuança pessoal e toda concretização. Nos escritos de Isaac, o Cego, o mais antigo cabalista que pode ser identificado e que viveu na Provença no século XII, o Deus oculto é, de modo semelhante, declarado como: "Aquilo" que é Inapreensível, não "Aquele" que é Inapreensível.

Ain-Soph, o infinito, o inapreensível, não tem forma e é incognoscível. Não há imagens representando-o, nomes dados a ele. A relação com o mandamento do Antigo Testamento de não fazer qualquer imagem de Deus é óbvia. No entanto, na literatura cabalística encontramos, ao lado do Deus oculto e sem representação, símbolos consagrados de um Deus como figura. Segundo Scholem, Deus "não é apenas o abismo sem forma, dentro do qual tudo submerge, embora seja isso também; ele contém, em sua emanação exterior, a garantia da forma". O aspecto do Deus oculto que repousa em si mesmo, Ain-Soph, é completado pelo outro aspecto de um Deus que se manifesta em suas emanações e, em sua ação, volta-se para as suas criaturas. Nesse aspecto, Deus não é sem forma nem inapreensível, mas tem uma "roupagem mística", uma forma que pode ser simbolicamente representada em nomes e imagens. As mais profundas reflexões e experiências do misticismo cabalístico se ocupam com a formulação e elaboração dessa forma.

Uma ligação misteriosa é preservada entre os símbolos consagrados do ser divino e o fundamento inominável. Paradoxalmente, a substância amorfa do Ain-Soph está diretamente presente nas formas simbólicas das suas divinas emanações. Além disso, está presente em cada criatura e em cada forma que seja possível imaginar. A ideia cabalística é que a vida de Deus flui para animar a totalidade da criação; ao mesmo tempo, permanece oculta nas suas profundezas mais recônditas. Ela não tem forma, mas habita nas formas. "Quanto mais verdadeira a forma, mais pujante a vida do informe que nela habita."

Esse breve esboço dos conceitos dualistas de Deus no misticismo da Cabala não deixa de ter afinidades com as conclusões e formulações científicas da psicologia junguiana: há um paralelo entre o Ain-Soph oculto, amorfo, incognoscível e o inconsciente. O inconsciente também (como sinônimo de Deus) é oculto e inexprimível, e a psique é "uma das mais escuras e misteriosas regiões da nossa experiência".[45] O inconsciente é "ilimitado", não se pode atribuir a ele limites e definições, e "é inteiramente

---

[45] C. G. Jung, *Psychologie und Alchemie* [Psicologia e alquimia], Ob. Compl., vol. XII, p. 18.

inconcebível que possa haver qualquer figura determinada capaz de expressar a indefinição arquetípica".[46] Por outro lado, o símbolo cabalístico da roupagem de Deus, as múltiplas designações de sua forma como construtor do universo, correspondem aos numinosos símbolos arquetípicos que retratam o *self* atuante e coordenador, e não podem se distinguir das imagens de Deus. Ain-Soph, oculto e infinito, é contido em sua realidade total nas imagens simbólicas de Deus que se vertem para o mundo. De modo semelhante, o arquétipo do *self* é uma união da nossa consciência limitada com o inconsciente insondável. É uma partícula na qual atua o todo.

As analogias entre as ideias religiosas do misticismo judaico, que são centenas de anos mais antigas do que as descobertas científicas da moderna psicologia, só podem ser explicadas pela estrutura arquetípica da psique. As imagens e ideias relativas aos mistérios do ser são ordenadas pelos arquétipos, isto é, pelos "padrões" intemporais no inconsciente; em sua meditação, o homem é influenciado por eles. Nos moldes de sua cultura e do seu tempo, ele cria sempre novas formas de expressão das verdades primordiais. Parece significativo que a índole religiosa dos místicos judeus reconheceu intuitivamente a natureza e os limites dos conhecimentos metafísicos e os expressou em paradoxos religiosos, e que a atitude científica do psicólogo Jung inclui uma religiosidade genuína e até apaixonada. Em última instância, ciência e religião não podem ser separadas.

---

[46] Id., p. 32.

UM PARALELO TEOLÓGICO
(PAUL TILLICH)

A ênfase de dois aspectos do divino – o infinito fora do alcance da compreensão e o finito em suas manifestações históricas e individuais – desempenha também um papel no pensamento teológico moderno. Na visão religiosa universal do teólogo alemão Paul Tillich – que viveu nos Estados Unidos de 1933 até a sua morte em 1965, e a cujas ideias nos referiremos ainda várias vezes – um "Deus além de Deus", absoluto e indefinível, está por trás de todo Deus teístico definido por uma religião ou um credo. O "Deus além de Deus" deve "transcender à objetivação teística de um Deus que é um ser".[47] E: "O personalismo em relação a Deus (deve ser) contrabalançado por uma presença transpessoal do divino."[48] Tillich distingue entre a "fonte infinita de toda sabedoria" e a "santidade finita". A "santidade finita" encontra expressão nas religiões históricas. A "fonte infinita de toda santidade", ao contrário, é "incondicionada" e inefável. Embora se irradie pelas formas da "santidade finita", não deve se confundir com ela; pois "onde quer que algo finito, seja uma doutrina, uma instituição, um livro, uma pessoa, uma seita sagrados, é equiparado à fonte infinita de toda santidade, a santidade finita procura subordinar a si tudo mais que é finito; busca anular

---

[47] Paul Tillich, *Der Mut zum Sein* [A coragem de ser], Stuttgart, 1965, p. 185.
[48] Id.

toda resistência ao seu direito absoluto e a primeira vítima desse atentado é a humanidade".[49]

As afirmações de Jung sobre a religião atendem às exigências de Tillich: ele se manteve cônscio das limitações humanas do seu conhecimento, de modo que o elemento humano nunca foi esquecido e a tolerância resultou como algo lógico. "Vejo muitas imagens de Deus de várias espécies", escreveu ele a um teólogo (junho de 1955), "vejo-me compelido a fazer afirmações mitológicas, mas sei que nenhuma delas expressa ou apreende o imensurável Outro, mesmo que eu deva afirmar que sim". E, na introdução da *Resposta a Jó*, ele diz: "Se, por exemplo, dizemos 'Deus', damos expressão a uma imagem ou conceito verbal que sofreu muitas modificações no curso do tempo. Somos, no entanto, incapazes de dizer com algum grau de certeza – a menos que seja pela fé – se essas mudanças afetam apenas as imagens e conceitos ou o próprio Indizível."[50]

A concordância entre as ideias de Tillich e as de Jung é testemunho de uma atitude científica que, intencionalmente ou não, retorna aos velhos princípios platônicos de pensamento, no exame dos conteúdos religiosos.[51] Platão se deu conta de que não

---

[49] Paul Tillich, *Auf der Grenze* [Na fronteira], Munique e Hamburgo, 1962, p. 166.

[50] C. G. Jung, *Antwort auf Hiob* [Resposta a Jó], Ob. Compl., vol. XI, p. 388.

[51] C. F. von Weizsäcker observou, numa assembleia de psicoterapeutas, em março de 1965: "Jung viu... exatamente o que era tão importante para Platão, que essas ideias são forças... aquelas forças sem as quais não podemos

aprendemos nada sobre Deus com a ciência, visto que o nosso conhecimento é limitado. Para ele, o único Deus acima de todos os seres era um "Deus desconhecido". Por esse motivo, o matemático Andreas Speiser, de Basileia, chama "fratres in Platone" todos os que, em questões religiosas, não seguem exclusivamente a fé, mas a consciência científica, o "melhor legado dos Helenos", e que limitam, desse modo, as suas afirmações. Não são muitos, mas perambulam através dos séculos, "pequeno bando de gente honesta, sal da terra, que protesta ocasionalmente, pagando muitas vezes com a vida pela sua coragem".[52]

Jung seguiu sua consciência científica, quando aceitou as expressões religiosas não exclusivamente pela fé, mas as examinou pelo seu conteúdo arquetípico e submeteu-as à sua reflexão. Isso custou-lhe com frequência a acusação de "psicologismo". A censura só teria sido justificada se ele estivesse falando do próprio Deus. De conformidade com o pensamento platônico, o seu trabalho científico se ocupava apenas com as declarações do homem sobre Deus e o divino. Elas lhe proporcionaram uma visão profunda da natureza da psique. O próprio Deus permaneceu

---

compreender absolutamente nada; apenas *através* delas podemos compreender algo... Na verdade, a própria ciência está baseada nos arquétipos." Citado em *Psychotherapie und religiöse Erfahrung* [Psicoterapia e experiência religiosa]. Relato de conferência, editado por W. Bitter, Stuttgart, 1965, p. 37.

[52] Ver Andreas Speiser, *Die Platonische Lehre vom Unbekannten Gott un die Christliche Trinität* [A teoria platônica do Deus desconhecido e da Trindade cristã], Anuário de Eranos, 1940/41, p. 29.

inviolado; contudo, essa limitação negava a existência do "inconcebível". "Não pretendo, de modo algum, discutir a existência de um Deus metafísico", escreveu ele a um dos seus críticos (maio de 1952). "Mas permito-me pôr as afirmações humanas sob uma lente." Suas pesquisas e conclusões religiosas e psicológicas são baseadas na fenomenologia e na interpretação das afirmações humanas sobre o divino e o numinoso. "Estou inteiramente ciente de que nenhuma das minhas reflexões toca o Incognoscível",[53] é uma das muitas formulações que marcam os limites de suas conclusões.

---

[53] C. G. Jung, *Antwort auf Hiob* [Resposta a Jó], Ob. Compl., vol. XI, p. 238. Ver também p. 496, nota 2: "Devido ao fato de se subestimar a psique, o que é corrente em toda parte, toda tentativa de uma compreensão psicológica adequada é imediatamente suspeita de psicologismo. É compreensível que o dogma deva ser protegido desse perigo. Se, na física, procura-se explicar a natureza da luz, ninguém espera que, como resultado, não haja mais luz. Mas, no caso da psicologia, acredita-se que o que ela explica desapareça..."

Capítulo 5

EXPERIÊNCIA INTERIOR

A ALQUIMIA COMO EXPRESSÃO DE EXPERIÊNCIA INTERIOR

As manifestações humanas que Jung "colocou sob lentes" abrangem não apenas sonhos e visões, mitos e dogmas, mas também os abstrusos e por vezes dificilmente compreensíveis textos da Alquimia. Eles se tornaram para ele um tesouro de espontânea manifestação religiosa da psique. Os tratados de alquimia só em parte podem ser considerados descrições de processos químicos.[1] Jung reconheceu que os velhos mestres não consideravam as

---

[1] A química verdadeira representou também um papel no *opus alquímico*, mas o trabalho de laboratório estava estreitamente ligado à *teoria*, ou ao ato de "filosofar", permitindo desse modo livre curso

substâncias que tentavam investigar, de modo "objetivo", no sentido da química moderna, mas as enchiam de projeções dos conteúdos e imagens psíquicos inconscientes. Isso explica as ideias míticas e outros motivos feéricos com os quais ligavam os elementos, os metais e as transformações em seus crisóis. As projeções dos conteúdos psíquicos não são algo de extraordinário; são sempre provocadas quando o homem se defronta com algo incomum que não compreende – nesse caso a matéria. Nos seus esforços para compreender e descrever as substâncias desconhecidas, as suas combinações e soluções, os alquimistas não só descobriram relações químicas, mas criaram também uma expressão de sua alma. No fundo, o cientista moderno que tenta penetrar nos mistérios indefiníveis da natureza encontra-se em situação semelhante. Ele também é incapaz de estudar as composições observadas "em si mesmas". Ao contrário dele, porém, o alquimista ainda não suspeitava de que, na escuridão da matéria que ele procurava esclarecer, subitamente, como num espelho, encontrasse a si mesmo; ainda não estava ciente do substrato psicológico e das limitações do seu conhecimento.

Jung leu as obras dos alquimistas, escritas numa linguagem carregada de símbolos, antes de tudo como relatos de processos psíquicos inconscientes e interpretou-os como se fossem sonhos

---

à atividade da fantasia. Ver M. Eliade, *Schmiede und Alchemisten* [Ferreiros e alquimistas], Stuttgart, 1966.

ou visões.[2] Demonstrou que os tesouros que os alquimistas buscavam, nos seus múltiplos procedimentos, sem jamais os encontrar (o ouro, a pedra filosofal ou "pedra da sabedoria", o elixir da longa vida, o escravo vermelho, a dama branca etc.), não deviam ser compreendidos apenas como fórmulas químicas, mas como imagens arquetípicas e numinosas da psique. Estas apresentavam, com frequência, surpreendente semelhança com os elementos da religião cristã, que a alquimia refletia como num espelho. Por exemplo: pelas qualidades que lhe eram atribuídas, o lápis (pedra) procurado pelo *opus* alquímico pode, a despeito da sua materialidade e do seu caráter terreno, ser entendido como um paralelo da figura de Cristo. O lápis também é tido como redentor e imortal, é espírito e corpo, é repudiado e se torna a pedra angular etc. O capítulo intitulado "O paralelo lápis-Cristo", na obra de Jung *Psicologia e alquimia*, contém, por isso, a chave para uma compreensão da religiosidade alquímica e da sua relação com o cristianismo. As imagens arquetípicas que o alquimista projetava na matéria simbolizavam, de forma sempre renovada, um espírito, considerado não como filho da luz, mas como filho da matéria, oculto na sua obscuridade. Psicologicamente, deve ser interpretado como um "espírito no inconsciente".

A atitude do conhecedor sério era genuinamente religiosa, e os mais importantes filósofos alquimistas confessaram, nos seus

---

[2]   Antes de Jung, Herbert Silberer empreendeu uma interpretação psicológica da alquimia em seu livro *Probleme der Mystik und ihrer Symbolik* [Problemas do misticismo e seu simbolismo], Viena, 1914.

escritos, ser o aspecto religioso da sua "arte" o foco do seu interesse e do seu esforço, acima de tudo as suas experiências interiores durante o *opus*. Jung descreveu a secreta "filosofia" da alquimia, que, na forma de meditação e imaginação, seguia, lado a lado, o "trabalho de laboratório", como gnose, como tentativa de conhecimento intuitivo de Deus. Do ponto de vista histórico, ele viu nesse trabalho uma continuação do primitivo gnosticismo cristão, enquanto, do ponto de vista psicológico, encontrou na riqueza e profundidade das imagens alquímicas uma prova e confirmação da função religiosa da psique.

O INCONSCIENTE COMO EXPERIÊNCIA INTERIOR

A faculdade de criar imagens religiosas pareceu a Jung uma das mais notáveis peculiaridades da psique. "Ela tem (a psique) a dignidade de uma entidade... dotada da consciência de uma relação com a Divindade. Mesmo que fosse apenas a relação de uma gota d'água com o oceano, este não existiria a não ser pela multiplicidade de gotas d'água."[3] As imagens religiosas criadas pela psique constituem a base da sua relação com a divindade oculta. "Talvez fosse ir longe demais falar de uma afinidade, mas, em todo caso, a alma deve conter em si a faculdade de relação com

---

[3] C. G. Jung, *Psychologie und Alchemie* [Psicologia e alquimia], Ob. Compl., vol. XII, p. 24.

Deus, isto é, uma correspondência, do contrário jamais poderia ocorrer uma relação. Essa correspondência é, *em termos psicológicos, o arquétipo da imagem de Deus*.[4] Noutras palavras, a imagem arquetípica de Deus capacita a alma "a ser o olho destinado a contemplar a luz",[5] pois, "assim como o olho corresponde ao Sol, do mesmo modo a alma corresponde a Deus".[6]

Não é possível deixar passar o fato de que, comparando a alma com "a natureza de Deus", com "Deus" e com a "divindade", Jung não manteve todo o rigor da restrição epistemológica que impusera a si mesmo, chamando a atenção para o "próprio Deus". No fervor da criação, o *homo religiosus* rompeu a sóbria argumentação do cientista. Na verdade, esta invasão do terreno da metafísica e a emoção conferem um peso especial a esses trechos, e disso resulta para o leitor a vantagem de poder captar imediatamente aquilo de que se trata: todos sabem o que "Deus" é, sem sabê-lo. O próprio Jung estava plenamente consciente das suas ocasionais transgressões e explicava: "Se deixarmos de fora a ideia da 'divindade' e só falarmos em conteúdos autônomos, manteremos uma posição intelectual e empiricamente correta, mas silenciaremos uma nota que, psicologicamente, não deve

---

[4] Id., p. 25. A formulação "o arquétipo da imagem de Deus" não é verdadeiramente correta. Como o arquétipo não pode ser conhecido, não pode estar conectado com o conceito de uma imagem. Seria mais verdadeiro dizer "imagem arquetípica de Deus".

[5] Id., p. 27.

[6] Id., p. 24.

faltar. Mas, usando o conceito de um 'ser divino', damos uma adequada expressão ao modo peculiar como experimentamos a atividade desses conteúdos autônomos."[7] Numa carta de novembro de 1959,[8] ele justificava o uso do conceito de "Deus" como uma formulação de um agente autônomo: "A experiência que chamo 'Deus' é a experiência do meu próprio desejo, em confronto com outra vontade, com muita frequência bem mais forte, que cruza o meu caminho com resultados aparentemente desastrosos, pondo estranhas ideias na minha cabeça e manobrando o meu destino às vezes rumo a direções indesejáveis, ou dando-lhe inesperados giros favoráveis, independentemente do meu conhecimento e intenção. Conheço bem a força estranha, contrária ou a favor, das minhas tendências conscientes. Por isso, digo: 'Eu O conheço.' Mas, por que você quer chamar esse algo de 'Deus'? Eu responderia: 'Por que não?' Aquilo sempre foi chamado 'Deus'. Na verdade, é um nome excelente e apropriado. Quem poderia dizer, convictamente, que o seu destino e a sua vida foram exclusivamente resultado do seu próprio planejamento consciente? Temos uma imagem completa do mundo? Milhões de condições estão, na realidade, fora do nosso controle; em inúmeras ocasiões, as nossas vidas poderiam ter tomado rumo completamente distinto. Indivíduos que se creem senhores do

---

[7] C. G. Jung, *Die Beziehungen zwischen dem Ich und dem Unbewussten* [As relações entre o eu e o inconsciente], p. 205, Ob. Compl., vol. VII, p. 262.

[8] Traduzida do inglês.

seu próprio destino são, em geral, escravos dos fados. Um Hitler ou um Mussolini podiam crer que eram tais espíritos superiores. *Respice finem!*[9] O que quero, isso eu não sei, mas hesito e tenho dúvidas se 'aquilo' participa da minha opinião ou não..."

A certeza interior do parentesco da psique com Deus baseia-se numa experiência arquetípica comprovada, em todas as épocas, pelas pessoas religiosas e criativas. No *Liber de Spiritu et Anima*, atribuído a Santo Agostinho (354-430), encontra-se a suposição de que, através do conhecimento de si, se poderia chegar ao conhecimento de Deus. Lemos em Mestre Eckhart (1260-1329): "Pois a alma foi criada igual a Deus." E: "A alma é o todo. Ela o é por ser a imagem de Deus. Mas como tal é também o reino de Deus..."[10] No século passado, por exemplo, Brahms (1833-1879) chamou o "subconsciente" de "centelha da divindade": "Toda genuína inspiração vem de Deus e Ele só pode revelar-se dentro de nós através dessa centelha de divindade – através do que os filósofos modernos chamam subconsciente."[11] Ricarda Huch (1864-1947), nas suas interpretações da Bíblia, diz de modo semelhante: "A matriz a partir da qual a meta oculta em nós se empenha por se realizar é chamada hoje geralmente

---

[9] Considera o fim!

[10] H. Büttner, *Meister Eckeharts Schriften und Predigten* [Escritos e prédicas de Mestre Eckhart], Jena, 1909, vol. VIII, p. 195.

[11] Athur M. Abell, *Gespräche mit berühmten Komponisten* [Conversações com compositores famosos], Garmisch-Partenkirchen, 1962, p. 67.

de inconsciente, enquanto a Bíblia a chama de Deus."[12] O poeta cretense Niko Kazantzakis, morto há alguns anos, resumiu as suas experiências interiores e exteriores e a sua busca da verdade da seguinte maneira: "Nada há, na Terra e no céu, mais semelhante a Deus do que a alma do homem." São essas as palavras com que encerra o "relato" da sua juventude.[13]

Jung mostrou que a maior ajuda ao homem moderno, na sua angústia espiritual, no seu sentimento de estar perdido num mundo sem sentido, nos seus anseios irrealizados e também na sua sensação ilusória de bem-estar dentro de um vazio espiritual e religioso, é o caminho da *experiência interior*. Em vez da fé que se perdeu, Jung pede a ele uma nova e intensa participação na vida religiosa; porque a experiência interior, o encontro com os conteúdos do inconsciente, é, em função do que foi dito, uma experiência religiosa. É este **o cerne da sua psicologia da religião**: "Ainda tem de ser compreendido que o 'mysterium magnum' não só existe em si, mas está, principalmente, fundamentado na psique humana."[14] *O encontro com o mistério da psique não pode se distinguir de uma experiência de Deus.*

---

[12] R. Huch, *Der Sinn der Heiligen Schrift* [O significado da Sagrada Escritura], Leipzig, 1919, p. 81.

[13] N. Kazantzakis, *Rechenschaftsbericht vor El Greco, Kindheit und Jugend* [Relatos a El Greco sobre a infância e a juventude]. Tradução do grego moderno, Berlim, 1964.

[14] C. G. Jung, *Psychologie und Alchemie* [Psicologia e alquimia], Ob. Compl., vol. XII, p. 26. O trecho integral é: "Enquanto a religião é apenas fé e forma

Jung, porém, não deixa dúvida no leitor de que o caminho para a experiência religiosa através da psique é arriscado. É preciso coragem e força interior para tomar a sério as vozes e imagens que, a partir de um fundo inapreensível, penetram na consciência, para suportar a confrontação com os conteúdos numinosos do inconsciente, compreendê-los e levar em consideração o seu significado. Noutras palavras: para afirmar-se criativamente diante daquilo pelo que somos formados. É esse justamente o caminho e a tarefa do homem moderno, como disse Jung: "A aventura espiritual da nossa época é a entrega da consciência humana ao indefinido e indefinível."[15] A aventura, essa ida ao inconsciente, no entanto, só tem êxito quando a entrega passiva se transforma numa atitude ativa. Só assim a consciência se delimita em relação ao inconsciente, amplia a sua esfera e a personalidade se desenvolve.

As experiências do inconsciente numinoso são de natureza coletiva, embora pertençam à parte mais pessoal e íntima do ser humano. São tão pessoais quanto absolutas. "Não podem ser

exterior, e a função religiosa não é vivida em nossas próprias almas, nada de importância acontece. Deve-se ainda compreender que o *mysterium magnum* não só existe em si, mas está principalmente fundamentado na psique humana. O homem que não conhece isso por sua própria experiência pode ser douto na teologia, mas não tem nenhuma ideia de religião e ainda menos de educação humana."

[15] C. G. Jung, *Psychologie und Religion* [Psicologia e religião], Ob. Compl., vol. XI, p. 117.

questionadas. Só se pode dizer que nunca se teve uma experiência dessas, depois do que o nosso interlocutor dirá: 'Perdão, eu tive.' E então a discussão chegará ao fim. Não importa o que pense o mundo sobre a experiência religiosa; aquele que a tem está na posse de um grande tesouro, algo que se tornou para ele a fonte da vida, do significado e da beleza e deu novo esplendor ao mundo e à humanidade. Tem *pistis* (confiança) e paz. Onde está o critério segundo o qual se permitiu dizer que tal vida não seria legítima, que tal experiência não seria válida e que tal *pistis* seria mera ilusão? Haverá, de fato, verdade melhor sobre as coisas últimas do que aquela que nos ajuda a viver? Essa é a razão pela qual considero muito zelosamente os símbolos criados pelo inconsciente."[16]

Somente sobre um ponto Jung nunca mais se expressou de maneira tão positiva: a experiência numinosa não pode garantir a paz interior, pelo menos não de forma duradoura. Enquanto uma pessoa continua a se desenvolver, a paz interior, mesmo para aqueles cuja vida foi enriquecida pelo encontro com o inconsciente, é apenas um breve intervalo entre o conflito resolvido e o conflito que virá, entre respostas e perguntas que nos lançam no tumulto e no sofrimento, até que novos vislumbres ou a própria transformação tragam nova solução, e o interior e exterior em oposição se reconciliem novamente. A experiência do significado, que é, finalmente, aquilo com que se ocupa a vida, não é, de nenhum modo, equivalente ao não sofrimento; no entanto, a elasticidade da consciência que se dá conta de si e se transforma

---

[16] Id., pp. 116 e seg.

a si mesma pode nos fortalecer contra os perigos do irracional e do racional, contra o mundo interior e o exterior.

Desde criança, Jung esteve alerta ao efeito numinoso dos arquétipos. Experimentou "Deus" como um irresistível desejo atuando dentro de si. Discutiu com ele com toda a gravidade de uma criança e sentiu todo o seu impacto, nos sonhos e em poderosas imagens fantásticas que despertavam a sua reverência e medo. Olhando para trás, podia dizer aos oitenta e três anos: "Naquela época, compreendi que Deus, pelo menos para mim, era uma das experiências imediatas mais certas."[17] A sua definição de que "'Deus' é uma experiência primordial do homem"[18] é também uma confissão pessoal. A experiência interior fazia parte do seu elemento de vida, muito mais e num sentido bem mais profundo do que para as outras pessoas. Sobre isso, Erich Neumann escreveu: "Estranhamente inconsciente da sua própria natureza, Jung se esquece de que sua experiência é inteiramente fora do comum, transcendendo de muito, em extensão e conteúdo, a dos mortais seus semelhantes; devido a isso, é classificada de 'mística' e deve ser classificada de tal modo até que eles próprios tenham tido essa experiência de uma realidade mais ampla, desconhecida até então por eles."[19]

---

[17] Memórias de C. G. Jung, p. 6.

[18] C. G. Jung, *Bruder Klaus* [Irmão Klaus], Ob. Compl., vol. XI, p. 349.

[19] E. Neumann, *Dank an Jung* [Agradecimento a Jung] in: O psicólogo, vol. VII, Caderno 7, 1955.

Só poucas pessoas têm experiências espontâneas de Deus. Jung disse ter conhecido algumas delas, e eram justamente estas que ele tinha que acompanhar "através das crises de conflitos pessoais, do pânico e da loucura, das desesperadas confusões e depressões, ao mesmo tempo grotescas e terríveis".[20] Recordando esses encontros, Jung citou, com frequência, nos seus escritos posteriores, as palavras de São Paulo: "Coisa assustadora é cair nas mãos do Deus vivo" (Heb. 10:31). Mesmo uma descida ao inconsciente, empreendida conscientemente, e uma confrontação ativa com os seus conteúdos – que Jung chamava "imaginação ativa"[21] – conduz, se não sempre, na maioria das vezes, a uma experiência do numinoso.

O próprio Jung palmilhou o caminho dessa confrontação com o inconsciente, após ter-se separado de Freud.[22] O seu objetivo era explorar as camadas mais profundas do inconsciente que Freud ou não vira ou não fora capaz de compreender. Embarcou, assim, na aventura espiritual de se expor conscientemente ao "indefinido e indefinível". Era o primeiro a agir desse modo e a prosseguir nisso sozinho, sem suspeitar para onde isso poderia levá-lo. Em sua viagem interior de descoberta, não foi poupado

---

[20] C. G. Jung, *Psychologie und Religion* [Psicologia e religião], Ob. Compl., vol. XI, p. 47.

[21] Sobre a "imaginação ativa", ver pp. 76 e segs. (Individuação).

[22] Ver a respeito o capítulo "A Confrontação com o Inconsciente" in: *Memórias de C. G. Jung.*

de nenhum terror; em suas memórias, fez um relato deles. A confrontação durou cerca de quatro anos (1912-1916).

Compreensivelmente, os leitores que jamais passaram por uma experiência dessa espécie acharam que o relato autobiográfico de Jung colocou-os face a face com um mundo totalmente estranho. Entre eles, os médicos, para quem isso era conhecido, no máximo, pelas fantasias dos doentes mentais. Os resultados científicos desse extraordinário e ousado empreendimento foram, consequentemente, deixados de lado, e nem os médicos nem os leigos hesitaram em insinuar, ou declarar abertamente, que Jung era um esquizofrênico ou, no melhor dos casos, um esquizofrênico em potencial. Quarenta e cinco anos depois da sua odisseia no mundo das imagens arquetípicas, do qual voltou ricamente carregado de experiência e compreensão, Jung ofereceu um diagnóstico e a explicação de suas aventuras, que podem ser encontrados na segunda parte da sua obra *Mysterium Coniunctionis*, publicada em 1956, alguns anos antes da publicação das suas memórias. O próprio Jung comparou a descida da consciência às camadas mais profundas da psique com uma psicose, porém caracterizou-a, mais especificamente, como uma *psicose antecipada*. Dada a sua importância fundamental no que concerne a uma experiência imediata do inconsciente coletivo, citamos a seguir o texto: "Há, naturalmente, uma enorme diferença entre uma psicose antecipada e uma psicose real; a diferença, no entanto, nem sempre é percebida claramente, o que dá origem a uma incerteza ou até a uma crise de pânico. Ao contrário de uma psicose real, que se abate sobre a pessoa, inundando-a de fantasias incontroláveis que brotam do inconsciente, trata-se de... um envolvimento voluntário naqueles processos de fantasia que compensam a situação individual e, em particular, também a situação coletiva da consciência. O propósito declarado desse envolvimento é integrar as afirmações do inconsciente, assimilar seu conteúdo compensador e produzir assim um significado completo que, só ele, torna a vida digna de ser vivida e, para não poucas pessoas, de qualquer modo, possível. A razão pela qual o envolvimento parece tanto uma psicose é que o paciente integra o mesmo material fantástico de que o doente mental é vítima por não poder integrá-lo, sendo, ao contrário, engolido por ele. Nos mitos, o herói é aquele que vence o dragão; não o que é devorado por ele. E, não obstante, ambos têm de lidar com o mesmo dragão. Não há, além disso, herói algum que jamais tenha encontrado o dragão ou que, se o viu alguma vez, tenha dito depois não ter visto nada. Do mesmo modo, só quem correu o risco de lutar com o dragão e não foi derrotado por ele conquista o tesouro, a 'riqueza difícil de alcançar'. Só ele tem genuíno direito à confiança em si mesmo, pois defrontou-se com o substrato escuro do seu eu e, por esse meio, conquistou a si mesmo. Essa experiência lhe dá fé e confiança, a *pistis* na capacidade de autossustentação do *self*, pois tudo que o ameaçava desde o interior tornou-se coisa sua. Adquiriu o direito de acreditar que poderá vencer todas as ameaças futuras do mesmo modo. Alcançou uma *certeza interior* que o torna capaz de confiar em si mesmo..."[23]

---

[23] C. G. Jung, *Mysterium Coniunctionis*, Ob. Compl., vol. XIV, 2ª ed., pp. 309 e seg.

Jung compara a confrontação com os perigos do inconsciente à luta mítica com o dragão. A confrontação com os poderes numinosos do inconsciente é uma experiência arquetípica tão velha quanto a humanidade. É a experiência primordial do divino como *tremendum* e do significado como redenção. Nas imagens arcaicas do mito, a mente humana deu a essa experiência uma expressão que nunca perdeu a sua validade.

Deveríamos acrescentar, de passagem, que, de modo algum, cada confrontação com o inconsciente conduz a uma luta de vida e morte. Depende muito do equilíbrio interior do indivíduo e da tensão entre o ego e o inconsciente. Se o ego-personalidade é débil ou limitado ou se o inconsciente é irresistivelmente poderoso como consequência da constituição pessoal ou da constelação do momento, a consciência é então, de fato, desafiada ao extremo, e são necessários todos os recursos do homem para que ele possa se libertar da escuridão e do terror da luta e chegue àquela "certeza interior que o torna capaz de confiar em si mesmo".

A "ARTE MODERNA" COMO EXPRESSÃO DE EXPERIÊNCIA INTERIOR

"A aventura espiritual da nossa época é a exposição da consciência humana ao indefinido e indefinível." Isso é tão verdadeiro em psicologia, que inclui o inconsciente na pesquisa e na prática, como em ciência natural, em sua confrontação com uma base transcendental do ser. E é não apenas verdadeiro na ciência moderna como um todo, mas as criações da "arte moderna" (se nos é permitido usar uma expressão tão genérica) também retratam a história da exposição do espírito humano ao indefinido e indefinível – um sinal da importância coletiva dessa "aventura". Pois, ao contrário da ciência, a arte dirige-se a todos os homens e expressa os processos interiores que se operam neles.

Os artistas estavam entre os primeiros, em nosso século, a correr o risco de um encontro com o inconsciente e sua base indefinível. Nas primeiras décadas, eles tentaram, cada um à sua maneira, penetrar atrás da fachada do mundo fenomenal.[24] "A aparência é eternamente plana, mas um demônio nos impele, a nós artistas, a olhar por entre as fendas do mundo e leva-nos em sonhos para trás dos bastidores do palco do mundo." Assim formulou o pintor Franz Marc a aspiração por uma realidade existencial por trás das aparências. Guiada pelo destino, toda uma multidão de artistas voltou-se para o interno; no seu trabalho, procuraram exprimir uma "condição de ser mais elevada e mais profunda" (Carlo Carrà). Kandinsky, talvez o teórico mais importante entre esses artistas, exigia: "O olho aberto do artista deveria estar sempre voltado para a sua vida interior, e o seu ouvido deveria sempre estar alerta à voz da necessidade interior". Com a evocação da "vida interior", o inconsciente emergiu também na

---

[24] Ver A. Jaffé, *Bildende Kunst als Symbol* [As artes visuais como símbolo] in: C. G. Jung, *Der Mensch und seine Symbole* [O Homem e seus símbolos]. Editora Walter, Olten-Freiburg/Breisgau, 1968.

arte. A base insondável e invisível do mundo vivo é o "secretamente contemplado" (Paul Klee). Depois de um período de concentração na forma e na natureza, do realismo e do impressionismo do século XIX, isso era, na verdade, um audacioso desvio, uma concepção nova e sem precedentes do tema da arte. Em traços gerais, essa mudança na arte tem o seu paralelo nas ciências naturais, que começaram, na mesma época, a superar o materialismo do século XIX.

Na comoção da contemplação interior e no esforço de dar forma "àquele fundo secreto onde a lei primordial nutre o desenvolvimento" (Paul Klee), apreender numa imagem o "aspecto metafísico das coisas" (De Chirico), a "realidade imutável por trás das formas naturais mutáveis" (Piet Mondrian), os artistas voltaram cada vez mais as costas à realidade do mundo exterior. As suas obras tornaram-se não objetivas, "abstratas", imaginativas, ou então o objeto era transformado em função da experiência interior subjetiva, guindado às vezes à esfera arquetípica, pervertido às vezes em absurdo. As incontáveis tentativas de esboçar em manifestos a sua meta pictórica mostram claramente que o que estava em jogo era muito mais do que um estilo novo ou uma técnica formal ou estética. Eram tentativas de expressar o espírito oculto da natureza e das coisas, o fundo da vida externa, uma realidade interior, algo irracional, a fim de obter acesso a um centro novo de vida. Os artistas foram dominados pela numinosidade do inconsciente, a arte havia se tornado misticismo. Tentavam "dar expressão ao forçosamente místico", como disse

Kandinsky. Tal como os cientistas, foram postos face a face com a questão religiosa, a questão de um espírito ativo, transcendental.

O misticismo dos movimentos artísticos que começaram naquela época nada tinha em comum, naturalmente, com os conteúdos e propósitos do misticismo cristão, nem o espírito do qual se originou tinha que ver com o espírito cristão. Ao contrário, o espírito que permeou a "construção interior mística" (Franz Marc) com a interação de cor e forma, e passou para as telas como uma "visão mística", era totalmente estranho ao espírito do cristianismo e à cultura cristã. Daí o sentimento de algo novo e revolucionário e a necessidade de romper com a tradição artística. Era um espírito que irrompia do inconsciente e que os pioneiros da "arte moderna" descreviam como o espírito das coisas, das criaturas, da matéria, da natureza; em suma, um espírito ctônico, alheio e oposto ao espírito do cristianismo e que, do ponto de vista psicológico, podia ser considerado como a sua compensação. Ele encontrou expressão artística adequada em fantasias e abstrações, nas visões de formas e cores em parte burlescas e em parte brutais, em configurações irracionais feitas de pedra, madeira, metal, vidro e até de sucata (K. Schwitters).

Considerado historicamente, o espírito ctônico que inspira a arte moderna é antigo. Suas personificações mitológicas remontam às religiões pagãs da Antiguidade, quando ele, como divindade da natureza, desempenhava o papel de um nume significativo. Depois que o cristianismo transformou a consciência pagã, ele caiu no opróbrio e não pôde mais se expressar de forma adequada. Para a consciência cristã, orientada para um espírito "celestial", ele era algo que devia ser superado devido ao seu caráter escuro relacionado com a Terra, a natureza e o mundo das coisas e orientado para o aquém. Foi reprimido e submergiu no inconsciente. Essa rejeição, contudo, mudou a sua natureza e aparência e ele se tornou mau e feio. Como a história mostra, ele jamais se aquietou completamente, mas continua a viver nas profundezas, e, mesmo não reconhecido, acompanha a consciência através dos séculos. Como espírito negativo, destrutivo, emerge nos bem conhecidos fenômenos do nosso tempo: as obsessões, agressões, vícios, grupos marginais, movimentos "ativistas" de todas as espécies, todos trazem o seu cunho. A uma consciência que vai ao seu encontro com afirmação, ele aparece sob forma positiva em imagens arquetípicas, como a inspiração artística ou científica, ou como um impulso compensatório e que fomenta a individuação da vida pessoal. Há quatrocentos anos, ele iniciou os alquimistas nos estranhos mistérios do seu *opus* e do seu misticismo natural de índole pseudoquímica. Passou por um secreto renascimento na arte do nosso século. A arte tornou-se sua ferramenta e a arte, como "misticismo", seu profeta, o expoente de um espírito irracional, de um nume arquetípico imemorial, que, reativado, jorrou do inconsciente como forma de compensação, na era da cultura cristã moderna e da conquista tecnológica.

Com o passar dos anos, a "arte moderna" superou a mística revolucionária dos primeiros tempos, tornando-se o estilo da época. Atualmente, poucas pessoas sabem do que se tratava quando os artistas "quebraram o espelho da vida" (Franz Marc) para dar forma à realidade por trás do fluxo das aparências da vida. Mesmo entre os próprios artistas, esse conhecimento começou a desaparecer gradualmente. A meta espiritual e mística da arte deixou de ser importante. A representação não objetiva, uma importante corrente da arte moderna, as infinitas variações na transformação do mundo concreto em simbolismos transpessoais ou em irrealidade, absurdo ou hediondez, tornaram-se agora convenção estética.

A satisfação sentida pelo observador ao contemplar uma obra de arte moderna explica-se, psicologicamente – deixando de lado as motivações conscientes do gosto, do conhecimento crítico etc. – pelo espírito que se manifesta nas representações artísticas e que quer ser reconhecido como um conteúdo do inconsciente coletivo do nosso tempo, e ser acolhido pela consciência. Sendo uma expressão da constelação atual do inconsciente, a arte moderna toca o observador, provoca um impacto direto e, por esse motivo, a "compreensão" não pressupõe, necessariamente, uma apreensão intelectual ou estética da obra de arte, mas pode ser igualmente inconsciente e intuitiva. Mesmo o desagrado, devido à violenta emoção que frequentemente o acompanha, é prova de que o artista atingiu o alvo interior.

Nos seus livros, outrora populares, *Abstraktion und Einfühlung* [Abstração e empatia] (1907) e *Formprobleme der Gotik* [Problema formal do gótico] (1912), Wilhelm Worringer explicou que a abstração em arte é a expressão do medo metafísico do homem.

Ela é um sintoma da rejeição, pelo homem, do caos do mundo, uma fuga da vida devida a uma profunda inquietação.

Desenvolvendo a tese de Worringer, Jung compara, em sua obra *Tipos psicológicos*,[25] a abstração com a rejeição das agitações do mundo exterior, característica do introvertido, enquanto a arte objetiva corresponderia mais à atitude extrovertida, que aceita o mundo objetivo e o apreende pela "empatia", às vezes às custas da introspecção.[26] Essa classificação em tipos não nos deveria levar a rotular de antemão o artista "abstrato" como um introvertido. Esse pode ou não ser o caso. Mas, de todo modo, a tendência à abstração pode ser considerada um sintoma do movimento coletivo de introversão originado no inconsciente, uma volta ao mundo interior. Pode ser encarado como uma compensação da atitude consciente de extrema extroversão, tão comum hoje. A arte abstrata seria então a expressão coletiva da falta de introversão no indivíduo. Podíamos, todavia, formular o raciocínio em sentido contrário e, por essa vez, buscar a tendência compensatória na atitude consciente. Com base nessa premissa, a "azáfama" extrovertida da vida moderna e a luta febril em busca de meios mais sofisticados e rápidos de conquista do mundo exterior serviriam ao propósito de compensar ou silenciar um medo secreto que se difunde cada vez mais. O medo é um

---

[25] C. G. Jung, Ob. Compl., vol. VI.

[26] Ver *Das Problem der typischen Einstellungen in der Aesthetik* [O problema das atitudes típicas na estética], id., pp. 310 e segs.

elemento essencial na psique do homem moderno. Está à espreita no inconsciente e é uma das molas-mestras da arte moderna.

Os primeiros mestres da arte moderna tinham consciência de que as suas abstrações, a sua rejeição da realidade exterior, da natureza e do homem, eram consequência do sofrimento e do medo. Durante a Primeira Guerra Mundial, no início de 1915, Paul Klee escreveu no seu diário: "Quanto mais horrendo esse mundo se torna (como nos dias atuais), mais abstrata é a arte, ao passo que um mundo de paz produz arte realista". Para Franz Marc, a abstração proporcionava um refúgio para escapar à maldade e fealdade deste mundo: "Muito cedo na vida senti que o homem era 'feio'; os animais me pareciam mais belos e puros, embora, mesmo no meio deles, eu descobrisse tanta coisa revoltante e desagradável, que a minha pintura, por necessidade interior, se tornou instintivamente cada vez mais esquemática e abstrata". Outros artistas expressaram isso de modo semelhante.

Mas muito cedo viu-se também que o afastamento da arte do mundo exterior, do "local de angústia", repercutia na visão do mundo interior. O "outro lado das coisas" estava longe de oferecer um refúgio harmonioso para escapar aos tormentos da vida, e o espírito da natureza era tudo menos um condutor de paz. As obras de arte contemporânea, em sua grande maioria, trazem a marca da angústia, do desespero, da agressividade, da agonia, da discórdia, do escárnio e da insensibilidade. Refletem, como num espelho, o sofrimento e a perdição do homem na realidade exterior. Os terrores do mundo exterior, aos quais a arte virara as costas, revelam-se como as agonias do mundo interior.

Nas obras de arte abstratas, as esferas da consciência e do mundo cotidiano retiram-se para o segundo plano.[27] A objeção que se ouve com frequência de que o ato de representar em si requer a cooperação da consciência, mesmo do artista não objetivo, é insustentável. Os produtos da *action painting* [pintura gestual], iniciada por Jackson Pollock e executada num estado semelhante ao transe, atingem muitas vezes estranha intensidade de expressão e mostram que às vezes até a mais tênue relação formal com a consciência pode ser ignorada pelo artista moderno.

Do ponto de vista psicológico, a arte criativa é, na maioria dos casos, uma colaboração entre a inspiração e o impulso criador. No entanto, como diz Jung: "Uma pessoa dará ênfase à *elaboração* do material encontrado, acreditando, portanto, ser o criador do que encontra dentro de si. Outra porá mais *peso* na *contemplação*, referindo-se, pois, a isso, como um *fenômeno*, de que está consciente em seu ser receptivo. É provável que a verdade esteja entre as duas: *a verdadeira expressão é contemplação criativa.*"[28] No caso dos grandes artistas, os dois pontos de vista se alternam frequentemente ou agem juntos. Ao dizer *"Je ne cherche pas, je*

---

[27] Isso também diz respeito à *pop art*, de que ouvimos falar tanto hoje em dia. De acordo com um estudioso do assunto, Allan Kapprow, o "concretismo simples do *pop* se reduz ao mero "quase-realismo". O *pop* é "espuma leve e um indicador meio sério do contínuo poder da magia popular em nossa vida cotidiana". Ver *Happenings* [Eventos], edição de J. Becker e W. Vostell, 1965.

[28] C. G. Jung, *Der Gegensatz Freud und Jung* [Incompatibilidade entre Freud e Jung], Ob. Compl., vol. IV, p. 386.

trouve", Picasso está falando de "inspiração", do encontrado. Quando, porém, repete um motivo em incontáveis variações ou reelabora incansavelmente a mesma pintura repetidas vezes, então o que está em ação é a intenção consciente e formadora.

O afastamento da arte moderna do realismo do mundo exterior – "quebrando o espelho da vida" – deve ser compreendido como o fascínio do artista pela realidade interior, como o desafio que lhe faz a questão atual de uma base invisível da vida que não se pode compreender racionalmente. O seu olhar introvertido abriu-se para uma grandiosa visão do "indefinido e indefinível", e a "arte moderna" – quer não objetiva ou figurativa – se tornou representante de um espírito inconsciente ou um símbolo do irracional, que compensa a nossa irracionalidade. Aquilo que, do ponto de vista psicológico, pode parecer uma visão unilateral do mundo é, na realidade, o ímpeto inflexível da vontade artística.

Uma abordagem psicológica da "arte moderna" e sua confrontação com o inconsciente nada têm que ver – ressaltemos claramente – com o seu julgamento ou com a atribuição de um valor mais alto a um movimento artístico do que a outro. O conteúdo estético, o estilo e o gosto têm tão pouco interesse para o psicólogo quanto a competência ou incompetência, a maestria, o gênio ou a imitação decadente. Mas a sugestão de uma realidade existencial invisível por trás do mundo dos objetos é um problema geral do nosso tempo, e, por isso, interessa também à psicologia. A "arte moderna" deve ser compreendida como uma expressão específica da nossa época. Pode ser descrita como uma tentativa de enriquecer a representação do mundo efêmero pela infusão de uma realidade imutável independente do tempo e do espaço. Ao seu modo, a obra de Jung é uma resposta semelhante à situação contemporânea. Ela é também uma tentativa no sentido de acrescentar uma nova e mais profunda dimensão à nossa compreensão do mundo, embora para Jung a realidade objetiva tenha perdido a sua fundamental importância.

A EXPERIÊNCIA INTERIOR COM A MESCALINA

A devida consideração à consciência tanto quanto ao inconsciente bem como o reconhecimento tanto da realidade exterior quanto da interior eram para Jung as bases indispensáveis para uma vida repleta de significado. Ele sabia, no entanto, quão difícil é manter "o caminho do meio". "Em minha imagem do mundo, há um amplo domínio interior igualmente amplo; entre os dois polos, está o homem, em face ora de um, ora de outro, conforme o seu temperamento e disposição, tomando um como verdade absoluta ao negar ou sacrificar o outro."[29]

A unilateralidade não se questiona a si mesma. Ela não duvida. Considera-se superior e é uma tentação, embora as certezas que oferece sempre tenham se mostrado enganosas. Sem ser notada, a realidade contrária existe e as forças psíquicas opostas

---

[29] Id., p. 389.

continuam a viver. Descuidadas ou negadas pela mente consciente, elas exercem a sua influência sob a forma de tendências e impulsos inconscientes. Isso é tão verdadeiro no que se refere à psicologia individual como no que se relaciona com as correntes da história contemporânea. Nem a tecnologia, nem o predomínio da razão podem conter a corrente das forças inconscientes e irracionais contrárias, que degradam as certezas da mente racional num nível que chega ao absurdo. O irracional infiltrou-se na ciência, na arte e na literatura; já é um fator codeterminante da nossa imagem do mundo neste século que, apesar disso, orgulhosamente se intitula "era da iluminação" ou "era da tecnologia". Há também correntes irracionais agindo secretamente fora da imagem geralmente aceita do mundo. Como "artes divinatórias" – astrologia, quiromancia, geomancia, magia etc. – elas penetraram em todas as esferas sociais e desempenham um papel muito maior do que gostaríamos de admitir. Em casos extremos, embora de modo algum raros, tornaram-se substitutas inconfessadas da religião.

Quanto mais confiante e estrepitosamente se realçam as metas racionais da vida, mais intensamente o irracional ou o anseio do irracional se faz sentir como uma compensação inconsciente. A necessidade de um equilíbrio dessa espécie está na base do interesse muito difundido pelas percepções e experiências interiores provocadas pela mescalina, o ácido lisérgico (LSD) e drogas semelhantes. Argumentos a favor e contra são trocados pelos cientistas e circulam nas páginas dos jornais e revistas ilustradas. Um número cada vez maior de pessoas, sobretudo jovens, não só devido ao vazio interior, mas também à curiosidade espiritual insatisfeita, buscam refúgio na fantasmagoria da pílula. Debilitando a consciência, a droga abre a porta do mundo do inconsciente e, devido à numinosidade deste, pode levar a experiências religiosas ou pseudorreligiosas. Aldous Huxley classificou a sua experiência com a mescalina de "visão sacramental da realidade".[30]

Sob a influência da mescalina, do LSD e de substâncias químicas semelhantes, há uma diminuição de consciência, mas, como nas fantasias do estado desperto, a função de perceber, experimentar e discernir do ego é preservada, ou deveria ser preservada. Elas dão origem a uma condição de dissociação psíquica que não é diferente de uma psicose; na verdade, a condição foi denominada "psicose padrão".

Huxley relata que, como consequência da sua experiência com a mescalina, toda a sua concepção de consciência mudou: a crença de que a nossa consciência restrita é o único meio possível de apreensão do mundo não persistiu mais. Na intoxicação provocada pela mescalina, ele se viu confrontado com a "consciência global", na qual "tudo brilhava com a luz interior, tendo infinita significação".[31] Ele tinha a impressão de que, nessa consciência

---

[30] A. Huxley, *Die Pforten derWahrnehmung* [As portas da percepção], Munique, 1954, p. 18.

[31] Id.

que abrangia tudo, poderia ver "a fonte divina de toda existência".[32] Huxley considerou o êxtase obtido com a mescalina a revelação de uma realidade metafísica. Do ponto de vista psicológico, foi uma experiência da numinosidade do inconsciente, condensada na imagem arquetípica de uma "luz interior" brilhando no fundo das coisas e na significação até então não sonhada dos objetos que o cercavam: as pernas de bambu de uma cadeira, as dobras das suas calças, um vaso de flores. Ele via "as flores brilhando com a sua própria luz interior e quase estremecendo sob a pressão do significado de que estavam carregadas".[33] O ser puro das coisas se tornara um veículo portador da projeção da realidade religiosa do inconsciente.

Em seu segundo livro sobre as experiências com a mescalina, *Heaven and Hell* [Céu e inferno], Huxley se estendeu em seu relato: as experiências provocadas pela droga podem ser tão aterradoras quanto magníficas. A revelação do "céu" ou do "paraíso" com as suas cores resplandecentes e sua infinita significação é seguida pela revelação de um "inferno" com tormentos dantescos. Huxley proporcionou assim a confirmação experimental da afirmação de Jung de que a natureza paradoxal do arquétipo se revela à consciência em imagens antitéticas.

A mescalina é um alcaloide do cacto mexicano que os índios chamam de peiote. Nas religiões populares dos índios mexicanos,

---

[32] Id. p. 15.

[33] Id. p. 14.

o consumo do peiote ou dos "cogumelos mágicos", que contêm uma toxina semelhante, ocupa uma posição central em suas cerimônias religiosas. Segundo Karl Kerényi, os celebrantes dos Mistérios de Elêusis consumiam uma bebida intoxicante. Durante a iniciação, parece que ela provocava a "visão" do mistério religioso, a visão de uma figura feminina divina.[34]

Parece que o molde da tradição religiosa oferece uma proteção contra a irrupção do inconsciente provocada pelo tóxico. Tornou-se assustadoramente clara a periculosidade, para o leigo, das drogas produtoras de êxtase. Há pouco tempo, dois pesquisadores conhecidos, da Universidade de Harvard, nos Estados Unidos, tornaram-se viciados ao longo de suas pesquisas com a mescalina, o LSD etc., e tiveram de ser afastados de suas funções. Impressionados pela numinosidade do inconsciente, cuja natureza e leis aparentemente não conheciam, passaram de pesquisadores da natureza a pregadores da salvação e se consideravam guias espirituais ou "gurus". Um deles, Thimothy Lery, autor de numerosas pesquisas sobre mescalina, teve de ser judicialmente responsabilizado pela venda de marijuana.

---

[34] Karl Kerényi, *Voraussetzung der Einweihung in Eleusis* [Pré-requisitos da iniciação em Elêusis], in: *Initiation*, editada por Dr. C. J. Bleeker, Leiden, 1965, pp. 59 e segs.; e *Mescalin-Perioden der Religionsgeschichte* [Os períodos da mescalina na história da religião], in: *Caminhos para o Homem*, ano XVII, caderno 6, 1965, pp. 201 e segs. – A bebida consistia de cevada, água e as folhas frescas de *Menta pulegium* (poejo). O efeito levemente alcoólico da bebida, embora ela fosse totalmente inócua, devia-se provavelmente ao jejum de nove dias que precedia a iniciação.

Sabemos hoje que, em muitos casos, a dissociação induzida da consciência é irreversível, que impulsos criminosos podem ser liberados ou manifestarem-se depressões, não raro levando ao suicídio. Por outro lado, as drogas estão sendo utilizadas na moderna psicoterapia. Induzindo o paciente a um contato imediato e intenso com o inconsciente, esperava-se curas mais rápidas do que com a análise clássica, que geralmente demanda tempo muito longo. Numa reportagem preparada de maneira um tanto sensacionalista sobre uma análise com LSD, conduzida sob supervisão médica, *Aben teuer im Unbewussten* [Aventura no inconsciente],[35] Constance A. Newland compara os meios da análise clássica (por exemplo, a interpretação dos sonhos) com o "caminho de uma carroça de ciganos, que se arrasta penosamente através de um continente para chegar ao oceano do inconsciente". Ao contrário disso, o LSD proporciona "um voo de avião a jato".[36] Embora os métodos de alta velocidade, com economia de tempo, sejam razões atrativas hoje em dia, os médicos ainda não estão convencidos do valor ou da falta de valor do LSD e da mescalina em psicoterapia. Os efeitos psíquicos colaterais negativos das drogas têm dado, compreensivelmente, origem a desconfianças.

Jung mostrou grande interesse pelas experiências científicas com a mescalina. Viu nelas a confirmação das suas pesquisas

---

[35] Munique, 1964.

[36] Id. p. 51.

sobre as manifestações do inconsciente e sua numinosidade. Repudiou o uso de drogas em psicoterapia ou como meio para experiência espiritual e uma "re-harmonização religiosa" do homem, o que não poderia ser diferente, tendo em vista o seu respeito pela natureza e pelos seus ritmos e leis próprios. Uma experiência do inconsciente induzida artificialmente não está, em geral, de acordo com o desenvolvimento e a maturidade da personalidade. Essa discrepância encerra um perigo, porque qualquer conteúdo que emerge do inconsciente para a consciência implica um dever espiritual ou moral, que, se não for cumprido, levará a incompreensões, complicações, sofrimento e doença. Sem o trabalho espiritual correspondente de assimilação e integração dos conteúdos evocados pela droga, a experiência, por mais fascinante que seja, perde o seu valor e significado.

Embora haja pouca menção à "mescalina" na obra de Jung,[37] perguntavam-lhe constantemente o que pensava sobre ela. Ele

---

[37] Ver C. G. Jung, *Die Schizophrenie* [A esquizofrenia], Ob. Compl., vol. III, p. 303. Jung explica o efeito da mescalina como "um desmoronamento da apercepção, tal como pode ser observado nos casos de extremo *abaixamento do nível mental* (P. Janet) e na fadiga intensa". A mescalina e drogas semelhantes "causam, como sabemos, um *abaixamento* que, diminuindo o limiar da consciência, torna perceptíveis as variantes perceptuais que são normalmente inconscientes, enriquecendo desse modo a percepção a um grau espantoso; mas, por outro lado, tornando impossível integrá-las na orientação geral da consciência. Isso porque a acumulação de variantes que se tornaram conscientes dá, a cada ato de apercepção, uma dimensão que enche a totalidade da consciência. Isso explica o fascínio tão característico da mescalina".

respondeu a um padre católico, em abril de 1954: "As influências (da mescalina) são de fato singulares – *vide* Aldous Huxley! – e delas conheço muitíssimo pouco. Não sei qual o seu valor psicoterapêutico nos pacientes neuróticos ou psicóticos. Sei apenas não haver razão alguma para querer *conhecer* mais sobre o inconsciente coletivo do que se consegue através dos sonhos e da intuição. Quanto mais se sabe sobre ele, maior e mais pesada se torna a responsabilidade moral, porque os conteúdos inconscientes se transformam em deveres e obrigações individuais assim que começam a se tornar conscientes. Por que aumentar a solidão e a incompreensão? Por que sempre novas complicações e mais responsabilidades? Já as temos em demasia. Se eu pudesse dizer alguma vez que fiz tudo o que sei que devia fazer, talvez então pudesse compreender uma legítima necessidade de tomar mescalina. Mas, se a tomasse hoje, não estaria absolutamente seguro de que não a teria tomado por pura curiosidade. Eu detestaria a ideia de ter tocado na esfera onde é elaborada a tinta que dá colorido ao mundo, a luz que faz brilhar o esplendor da aurora, as linhas e contornos de todas as formas, o som que preenche a órbita, o pensamento que ilumina as trevas do vazio. Talvez haja algumas pobres criaturas para quem a mescalina seria uma dádiva dos céus sem um antídoto, mas tenho profunda desconfiança das 'genuínas dádivas dos deuses'. Paga-se caro por elas. *Quidquid id est, timeo Danaos et dona ferentes.*

"Esta não é absolutamente a questão, saber do inconsciente ou sobre ele, nem a história acaba aqui; pelo contrário, é como e onde se começa a busca real. Se somos demasiadamente inconscientes, é um grande alívio conhecer um pouco do inconsciente coletivo. Mas logo se torna perigoso saber mais, porque não aprendemos simultaneamente como equilibrá-lo mediante um equivalente consciente. É esse o erro que comete Aldous Huxley. (É, na verdade, o erro da nossa época. Pensamos que basta inventar coisas novas, mas não nos damos conta de que saber mais exige um desenvolvimento moral correspondente. As nuvens radioativas sobre o Japão, Calcutá e Saskatchewan assinalam um envenenamento progressivo da atmosfera mundial...)"[38]

A droga é e continua sendo um substituto conveniente demais para o esforço humano e a experiência espontânea. Como Jung, Thomas Mann condena a propaganda que Huxley faz da mescalina e alerta contra as consequências imprevisíveis do seu uso. Chama o livro *The Doors of Perception* [As portas da percepção] de um exemplo de "escapismo", e a experiência com a mescalina de "autogratificação estética inescrupulosa".[39]

---

[38] Th. Mann, *Brief an Ida Herz* [Carta a Ida Herz], 21 de março de 1954. In: *Neue Rundschau*, Caderno 2, 1965.

[39] Id.

Capítulo 6

A INDIVIDUAÇÃO

IMAGINAÇÃO ATIVA E VIDA

O caminho natural para a experiência pessoal do inconsciente coletivo é aberto pelos sonhos e, de forma menos comum, pelas visões, alucinações, fenômenos sincronísticos etc. Além dessas manifestações espontâneas, Jung introduziu, como já mencionou, na prática analítica, outro método de estabelecimento de contato voluntário com as mais profundas camadas do inconsciente. É uma espécie de introspecção ou meditação, baseada na atividade da fantasia, que chamou *imaginação ativa*.[1] A primeira

---

[1] As fantasias dos alquimistas também poderiam ser descritas como uma espécie de imaginação ativa. Ver C. G. Jung, *Psychologie und Alchemie* [Psicologia e alquimia], *passim*.

reação à proposta de que uma pessoa poderia "imaginar ativamente" é geralmente de desconfiança e resistência, que parece bastante compreensível dada a evidente irracionalidade desse procedimento. Para Jung, no entanto, toda a questão reside justamente na falta de propósito da atividade da fantasia livre, no elemento lúdico, que deve ser considerado com muita seriedade, e cita Schiller: "A atividade criadora da imaginação liberta o homem do cativeiro do 'não-mais-do-que', e o guinda à posição de quem faz um jogo." Como afirma Schiller, "o homem só é bastante humano quando joga".[2]

A objeção frequente de que as pretensas "fantasias" são imaginadas conscientemente e de que, portanto, não vêm absolutamente do inconsciente é infundada. Há, reconhecidamente, um pensar dos desejos, que não é produto do inconsciente, mas uma elaboração do eu. O pensar dos desejos é a fantasia manipulada, e percebe-se facilmente a sua natureza inautêntica pela ausência de motivos arquetípicos e de imagens numinosas. Além disso, falta o elemento de surpresa, assim como tudo o que se pode sentir como penoso e assustador.[3] A imaginação genuína é a inspiração do inconsciente que o eu aceita como realidade, indo ao

---

[2] C. G. Jung, *Ziele der Psychotherapie* [Objetivos da psicoterapia], Ob. Compl., vol. XVI, p. 49.

[3] "É verdade que há fantasias inúteis, fúteis, mórbidas e insatisfatórias, cuja natureza estéril é imediatamente reconhecida por qualquer pessoa dotada de senso comum; mas a performance falha não prova nada contra a performance normal."Ver C. G. Jung, Ob. Compl., vol. XVI, p. 48.

seu encontro, não só percebendo-a, mas também colaborando e confrontando-se com ela. A imaginação é uma automanifestação da psique e pode, portanto, ser considerada fragmento dos sonhos despertos, sonhados abaixo do limiar da consciência, mas não percebidos por ela devido à sua preocupação com os processos do mundo exterior. O objetivo da imaginação ativa é encontrar uma posição mediana, entre o consciente e o inconsciente, que tenha "a propriedade de reunir os opostos". Jung se referiu também a uma "função transcendente dos opostos".[4] Uma condição preliminar para o sucesso da imaginação é que ela não seja pretexto para escapar da vida. "As fantasias não são um substituto da vida; são frutos do espírito que cabem àquele que paga o seu tributo à vida. Quem se exime não experimenta nada, salvo o seu próprio medo mórbido, e este não lhe concede nenhum significado."[5]

Não é possível determinar com segurança se é a consciência que predomina sobre o inconsciente, na imaginação ativa, ou se é o inconsciente que predomina sobre a consciência. Por essa razão é que Jung deu ora à consciência, ora ao consciente o papel principal. "Estabelecendo relações com o inconsciente, o eu toma a direção, mas o inconsciente deve ter permissão para

---

[4] C. G. Jung, *Die Transzendente Funktion* [A função transcendente], in: *Espírito e obra*. Para o 75º aniversário de Daniel Brody, Zurique, 1958, p. 31. A primeira versão do artigo surgiu em 1916, Ob. Compl., vol. VIII, p. 106.

[5] C. G. Jung, *Die Beziehungen zwischen dem Ich und dem Unbewussten* [As relações entre o eu e o inconsciente], Ob. Compl., vol. VII, p. 246.

ter também voz ativa – *audiatur et altera pars*."[6] Contra essa primeira formulação, devemos colocar uma posterior: "Em última instância, um impulso obscuro decide sobre a formação, um inconsciente *a priori* leva à elaboração da forma... Parece pairar sobre todo o processo um conhecimento antecipado, não só da forma, mas do seu significado."[7] Em última análise trata-se de uma influência recíproca de consciente e inconsciente, tornando-se o condutor não raras vezes o conduzido, e vice-versa.

Embora Jung e os seus pacientes utilizassem o método da imaginação ativa durante muitos anos, muito tempo se passou até que ele pudesse descobrir uma norma e um significado na variedade de modelos e configurações complexas que eles produziam. Só aos poucos percebeu "que nesse método se tratava da manifestação de um processo inconsciente, meramente auxiliado pela capacidade técnica do paciente e ao qual dei mais tarde o nome de 'processo de individuação'".[8] Na imaginação (assim como nos sonhos e noutras manifestações do inconsciente), o

---

[6] C. G. Jung, *Die Transzendente Funktion* [A função transcendente], 1º Cap., p. 105.

[7] C. G. Jung, *Theoret. Überlegungen* [Considerações teóricas], Ob. Compl., vol. VIII, p. 230.

[8] Id., p. 228 – A respeito do conceito do processo de individuação, ver J. Jacobi, *Der Weg der Individuation* [O caminho da individuação], Zurique, 1965. – A exposição de seu aspecto prático encontra-se em C. G. Jung, *Zur Empirie des Individuationsprozesses* [Sobre a prática do processo da individuação], Ob. Compl., vol. IX, 1ª ed., pp. 309 e segs. e em G. Adler, *Das lebendige Symbol* [O símbolo vivo], Munique, 1968.

processo se retrata numa sucessão de imagens, de modo que pode ser percebido, pelo menos parcialmente, pela consciência. Ao referir-se a "um inconsciente *a priori*", ou "conhecimento obscuro antecipado" reinante em todo o processo, Jung alude ao arquétipo do *self*, que é o impulso e a condição por trás da formação das imagens e que organiza os acontecimentos inconscientes. Graças a isso, a fantasia não sai normalmente dos trilhos, mas, de modo surpreendente, sempre se equilibra de novo, embora o indivíduo possa ter o sentimento de estar completamente exposto aos ilimitados caprichos subjetivos do acaso.[9]

Como se pode deduzir dos trechos citados, a "individuação" ou "processo da individuação" não consiste unicamente na sucessão de imagens do inconsciente. Isso é apenas parte do processo, representa a sua realidade interna ou espiritual. O seu complemento necessário é a realidade exterior, o desenvolvimento da individualidade e o seu destino. *Ambos os aspectos do processo* são regulados pelo poderoso arquétipo do *self*. Noutros termos, ao longo da individuação, o *self* penetra no mundo da consciência, enquanto, ao mesmo tempo, a sua natureza originariamente psicoide se dissocia, de modo que se manifesta muito mais em imagens internas do que em fatos da vida real. Por isso, Jung ampliou a sua definição do processo da individuação como uma sucessão de imagens internas, descrevendo-as como a própria "vida": "Em

---

[9] Ver C. G. Jung, *Theoret. Überlegungen* [Considerações teóricas], Ob. Compl., vol. VIII, p. 230.

última análise, toda a vida é *a realização de um todo*, isto é, de um *self*, razão por que essa realização pode também ser chamada 'individuação'."[10] A individuação consiste, basicamente, em tentativas constantemente renovadas, constantemente exigidas, de combinar as imagens interiores com a experiência exterior. Ou, dizendo de outro modo, é o esforço no sentido de "fazer tornar-se inteiramente nossa própria intenção aquilo que o destino pretende fazer conosco" (W. Bergengruen). Nos momentos bem-sucedidos, uma parte do *self* é realizada como a unidade de interior e exterior. Então o homem pode repousar em si mesmo, porque está autorrealizado e irradia o efeito da autenticidade.

O significado da vida, para Jung, é a realização do *self*: "O sentido da existência é que ela se realize como tal (como destinação individual ou *self*)".[11] A importância dessa afirmação sensata só começa a aparecer para nós quando consideramos que o arquétipo do *self* a ser realizado é "indescritível, inefável",[12] uma grandeza oculta, cuja ilustração não é distinguível das imagens de Deus. Por conseguinte, o processo de individuação não se realiza na vida vivida do modo mais pleno possível, por si mesma e na compreensão intelectual mais profunda, mas o seu significado decorre da numinosidade do *self*. Dizendo isso em

---

[10] C. G. Jung, *Psychologie und Alchemie* [Psicologia e alquimia], Ob. Compl., vol. XII, p. 259.

[11] C. G. Jung, id.

[12] C. G. Jung, *Antwort auf Hiob* [Resposta a Jó], Ob. Compl., vol. XI, p. 502.

linguagem religiosa, a individuação deve ser compreendida como a realização do "divino" no homem.

A formulação do significado da vida nesses termos não pretende ser, por certo, nem um dogma, nem um artigo de fé. Ela provém, como Jung acentuou repetidas vezes, apenas da interpretação dos fenômenos psíquicos, e toda interpretação é subjetiva. A inteligência crítica se depara repetidamente com a questão da validade objetiva dos fatos e experiências que podem ser verificados psicologicamente. No entanto, "é difícil ver como essa questão poderia ser respondida, já que faltam ao intelecto os critérios necessários. Qualquer coisa que possa servir como critério está sujeita, por seu turno, à questão crucial da validade. A única coisa que pode conduzir a uma decisão aqui é a preponderância do fato psíquico".[13]

Colocado em face dessa incerteza, Jung não excluiu a anulação da sua, assim como de qualquer outra interpretação do significado: "Na verdade, o 'senso' é frequentemente algo que podia muito bem ser chamado de 'contrassenso', pois há pouca comensurabilidade entre o mistério da existência e a compreensão humana. 'Senso' e 'contrassenso' são simplesmente rótulos fabricados pelo homem e que servem para nos dar um sentido razoavelmente válido de direção."[14]

---

[13] C. G. Jung, *Über den Indischen Heiligen* [Sobre os santos da Índia], Introdução à obra de Heinrich Zimmer, *Der Weg zum Selbst* [O caminho para o *self*], p. 17, Ob. Compl., vol. XI, p. 627.

[14] C. G. Jung, *Psychologie und Alchemie* [Psicologia e alquimia], Ob. Compl., vol. XII, p. 259.

A pesquisa científica chega à conclusão de que o arquétipo do *self* vence em cada vida. Na "individuação natural" ele se realiza de fato, mesmo quando o mundo do inconsciente permanece na sombra e nem uma só imagem arquetípica é vista, muito menos compreendida em todas as suas implicações.[15] Uma experiência de significado – com exceção da fé viva – só vem de um aprofundamento da realidade exterior através do reconhecimento do seu substrato numinoso. "A vida não é real quando acontece em si e para si, mas somente quando acontece também conscientemente",[16] compreendendo-se aqui "vida real" como "vida plena de sentido". Pela conscientização das conexões e imagens transpessoais e pela experiência de sua numinosidade, reconhecemos energias que atuam por trás do nosso ser e de nossas ações, assim como por trás da aparente casualidade dos acontecimentos. Experimentamos, então, ou intuímos, como é amplo o nexo da vida e a que meta ela se dirige, não importa se isso é interpretado como senso ou contrassenso, e não importa se qualquer dessas interpretações é buscada ou não. Jung buscou uma interpretação, tentando "criar" o

---

[15] C. G. Jung, *Antwort auf Hiob* [Resposta a Jó], Ob. Compl., vol. XI, p. 494.

[16] C. G. Jung, *Psychologie und Alchemie* [Psicologia e alquimia], Ob. Compl., vol. XII, pp. 104 e seg. – Ver também *Antwort auf Hiob* [Resposta a Jó], Ob. Compl., vol. XI, p. 502: "É enorme a diferença entre o processo de individuação que decorre inconscientemente e o que é feito conscientemente. No primeiro caso, a consciência não interfere em lugar algum; por isso, o fim permanece tão obscuro quanto o início. Mas, no último, tanta coisa obscura surge à luz que, por um lado, a personalidade é iluminada e, por outro, a consciência inevitavelmente ganha em amplitude e compreensão."

significado, embora plenamente consciente das limitações de toda interpretação. Como médico, defrontou-se repetidas vezes com a necessidade de interpretar o significado: "O homem pode viver as coisas mais surpreendentes, se elas tiverem sentido para ele. Mas a dificuldade é criar esse sentido."[17]

Apesar da limitação imposta pela base epistemológica, o "enraizamento" e o desenvolvimento do arquétipo numinoso do *self* no homem é uma experiência grave. O perigo de confundir a individuação com o tornar-se um homem-deus ou um super-homem é evidente. As trágicas ou grotescas consequências desse equívoco só podem ser evitadas se o ego-personalidade puder conduzir o entendimento com o *self*, não perdendo de vista a realidade das nossas limitações humanas e da nossa mediocridade. "O *self*, em sua divindade (isto é, o arquétipo)... só pode tornar-se consciente dentro da nossa consciência. E só o poderá fazer, se o ego resistir. O *self* deve tornar-se tão pequeno quanto o ego, e ainda menor que ele, embora seja o oceano da divindade: 'Deus é tão pequeno quanto eu', diz Angelus Silesius. Deve tornar-se o polegar no coração...", escreveu Jung numa carta de setembro de 1943, na qual explicava o paradoxo da realização do *self*.[18] O *self* é a extensão imensurável da psique e, ao mesmo

---

[17] C. G. Jung, *Psychologie und Religion* [Psicologia e religião], Ob. Compl., vol. XI, p. 85.

[18] C. G. Jung, *Antwort auf Hiob* [Resposta a Jó], Ob. Compl., vol. XI, p. 504: "Quer dizer, mesmo o homem iluminado permanece o que ele é, e nunca mais do que o seu eu limitado diante daquilo que nele mora, cuja figura não

tempo, o seu cerne mais profundo. O "polegar no coração" é uma alusão à natureza infantil da divindade. É o *purusha* hindu, "menor que o pequeno, maior que o grande". Cristo é venerado também a um só tempo como soberano do mundo e como uma criança.

O processo da individuação exige uma confrontação implacavelmente honesta com os conteúdos do inconsciente, e isso é suficiente para abafar quaisquer impulsos de entusiasmo. Ele contém armazenadas muitas visões sombrias e dolorosas, que são propícias à modéstia. Qualquer um, contudo, que olhe com desdém para o "não iluminado" ou pregue "verdades" tornou-se vítima do contrassenso. Identificou o seu ego com os conteúdos do inconsciente. O termo psicológico para isso é "inflação". Ela vai desde a soberba inócua até a extinção total do eu pela imagem surgida do inconsciente. Jung dá como exemplo de uma inflação que termina em psicose, a história de um jovem sentimental que se apaixonara por uma moça. Ao descobrir que esta não queria nada com ele, "ficou tão desesperado que foi direto para o rio a fim de afogar-se. Era tarde da noite, e as estrelas luziam para ele nas águas escuras. Parece-lhe que elas eram levadas duas a duas pelo rio, e foi invadido por um maravilhoso sentimento. Esqueceu-se das intenções suicidas e mirou fascinado o estranho e doce espetáculo. E, aos poucos, percebeu que cada estrela era um rosto e que esses pares eram amantes que, abraçados, passavam

---

possui limites reconhecíveis, e que o envolve por todos os lados e é profundo como os abismos da Terra e amplo como os espaços do céu."

diante dele sonhando. Uma compreensão completamente nova surgiu nele: tudo mudara, também o seu destino; suas decepções e até o seu amor desapareceram, a lembrança da jovem tornou--se distante e indiferente, mas, em vez disso, sentiu nitidamente a promessa de uma riqueza inaudita. Soube que um imenso tesouro jazia oculto para ele no observatório próximo. O resultado foi que a polícia o prendeu às quatro horas da madrugada, tentando invadir o observatório.

"O que ocorrera? Sua pobre cabeça tinha vislumbrado uma visão dantesca, cuja beleza nunca teria entendido se a tivesse lido num poema. Mas ele a viu, e isso o transformou. O que mais o magoara estava agora muito longe; e um novo e nunca imaginado mundo de estrelas, traçando os seus cursos silenciosos, muito além deste mundo cruel, abriu-se para ele, no momento em que cruzou o 'limiar de Proserpina'. A intuição de riquezas incalculáveis – e quem poderia deixar de ser tocado por esse pensamento? – veio a ele como uma revelação. Para sua pobre cabeça de escrivão, era demais. Ele não se afogou no rio, mas afogou-se numa imagem eterna, cuja beleza, com isso, pereceu também."[19]

A individuação só prossegue o seu caminho de modo significativo em nossa existência diária. A aceitação da vida tal qual é, com sua banalidade e singularidade, com o respeito pelo corpo e suas exigências, equivale tanto a um pré-requisito da individuação

---

[19] C.G. Jung, *Die Beziehungen zwischen dem Ich und dem Unbewussten* [As relações entre o eu e o inconsciente], Ob. Compl., vol. VII, pp. 159 e seg.

como a um relacionamento com o seu semelhante. Quanto mais se impõe a qualidade espiritual do *self*, quanto mais a consciência se amplia através da integração dos conteúdos psíquicos, mais o homem deve assentar as raízes na realidade, na sua terra, em seu corpo e, com mais responsabilidade, deve estar ligado ao seu próximo e ao ambiente;[20] porque também o "aspecto mundano" do arquétipo e as suas qualidades de instinto querem realizar-se. A individuação pode, portanto, caminhar em duas direções típicas, porém opostas: se o aspecto espiritual da unidade é inconsciente e, por conseguinte, indiferenciado, o objetivo é ampliar a consciência através de uma compreensão mais profunda das normas e relações psíquicas e espirituais. Dentro da conduta de vida, é uma questão de sacrificar em nós o ser primitivo e irrefletido. Se, por outro lado, a nossa consciência se tornou alienada dos instintos, então o aspecto mundano da unidade é constelado, e é uma questão de aceitar a realidade e trabalhar sobre ela, de restabelecer

---

[20] C. G. Jung, *Die Psychologie der Übertragung* [A psicologia da transferência], Ob. Compl., vol. XVI, p. 249: "O processo de individuação possui dois aspectos principais: por um lado, é um processo interno e subjetivo de integração, mas, por outro, é um processo indispensável ao objetivo de relacionamento. Um não pode existir sem o outro, mesmo que ora um, ora outro, predomine. A esse aspecto duplo correspondem dois perigos típicos: o primeiro é que o sujeito usa a possibilidade de desenvolvimento espiritual oferecida pela confrontação com o inconsciente para se subtrair a certos compromissos humanos mais profundos e exibir uma 'espiritualidade' que não resiste à crítica moral; o outro consiste em que as tendências atávicas preponderam demais e rebaixam a relação a um nível primitivo."

uma conexão com a natureza e os nossos semelhantes. No caso do homem moderno, isso exige, com frequência, o sacrifício de um intelectualismo unilateral.

Ambas as direções correspondem a situações arquetípicas básicas em todos os níveis de cultura, razão por que aparecem como variantes que se repetem constantemente no simbolismo dos mitos e dos contos de fadas: algumas vezes é função do herói vencer um animal ou dragão (símbolo do instinto) para ganhar o tesouro (símbolo do *self*). E, às vezes, a sua tarefa é proteger e alimentar o animal com o risco da própria vida, depois do que ele o ajudará na sua busca do tesouro.

O objetivo da individuação, a realização do *self*, nunca é plenamente alcançado. Devido ao fato de transcender a consciência, o arquétipo do *self* jamais pode ser inteiramente apreendido, e, devido à sua vastidão, nunca pode ser completamente experimentado. A "individuação bem-sucedida" nunca é uma conscientização e realização total da unidade, mas apenas a melhor possível. "Mas é justamente a impossibilidade dessa tarefa que a torna tão significativa", escreveu Jung certa vez a propósito disso. "Uma tarefa que é possível, isto é, solúvel, nunca apela para a nossa superioridade." É o que faz a individuação, porque não somos suficientemente grandes para ela. "Ela apela para a nossa superioridade, e talvez seja exatamente isso que é necessário. Pode haver tarefas que possamos resolver melhor com inferioridade do que com superioridade. Enquanto a minha superioridade não estiver em perigo absoluto, uma pequena parte de mim permanece intocada pela vida."[21] Jung retorna ao seu tema em Die Psychologie der Übertragung [A psicologia da transferência]: "O objetivo (da individuação) só é importante como ideia. O essencial é o *opus* que conduz ao objetivo: ele preenche a duração da vida com um sentido".[22] Em virtude da tendência do *self* à realização, a vida parece uma tarefa da mais alta importância, e nisso reside a possibilidade de interpretar o seu significado, que não exclui a possibilidade de malogro.

A integração do *self*, como toda a vida, como dissemos, está ligada aos portadores individuais, e "cada portador carrega um destino e uma destinação individuais".[23] O arquétipo incognoscível e intemporal do *self* assume uma forma específica e singular em cada um e a tarefa, a meta da individuação, está em cumprir o seu próprio destino e vocação. "A vocação age como uma lei de Deus da qual não há nenhuma escapatória."[24] Na realidade, é

---

[21] C. G. Jung, *Die Lebenswende* [O momento de transição na vida], Ob. Compl., vol. VIII, p. 343: "Os grandes problemas da vida nunca são solucionados definitivamente. Se o são na aparência, isso significa sempre uma perda. Seu significado e finalidade parecem não estar em sua solução, mas no fato de se ter de trabalhar continuamente neles. Só isso nos preserva da imbecilização e do empedernimento."

[22] Ob. Compl., vol. XVI, p. 213.

[23] C. G. Jung, *Psychologie und Alchemie* [Psicologia e alquimia], Ob. Compl., vol. XII, p. 259.

[24] C. G. Jung, *Vom Werden der Persönlichkeit* [Sobre o crescimento da personalidade], Ob. Compl., vol. XII, p. 200. ver l. c.: "O que tem uma vocação escuta a voz do interior; ele é convocado."

um aspecto do *self*, essa totalidade paradoxal, ao mesmo tempo "eterna" e "singular".

O aspecto "eterno" do *self* é representado nas imagens do inconsciente quase sempre por símbolos impessoais – figuras geométricas ou estereométricas (triângulo, quadrado, círculo, cubo, esfera etc.), números ou grupos de números, fenômenos luminosos e cósmicos, objetos sagrados ou ainda abstrações ("o incognoscível") etc. A unidade individual singular é representada principalmente pelas figuras sublimes, até divinas, do mesmo sexo, com traços definidos e, mais raramente, por uma voz interior. Não é preciso dizer que esta não é uma regra invariável, havendo superposições ou combinações de um grupo e outro.

Jung usou ambos os termos, *self* e "unidade" para o arquétipo irrepresentável, transcendental e para o destino e a destinação do indivíduo. Além da formação do *self* como entidade coletiva, ilimitada e inatingível, encontramos também o *self* dele ou *self* dela, no sentido da peculiaridade específica do indivíduo; e, além do termo indefinido ou geral de "unidade", o específico de "unidade do sonhador" etc., assim como a palavra corrente "homem", significa não apenas um homem, considerado individualmente, como a totalidade da espécie.

O uso por vezes confuso de *self* nesse duplo sentido é ocasionado, psicologicamente, pela sua função de unir os opostos. Em *Aion*, Jung compara o arquétipo da unidade à figura dogmática de Cristo, que, como "um personagem histórico, é único e singular; como Deus, geral e eterno".[25] O mesmo é verdadeiro no domínio psicológico: "O *self*, como individualidade, é único e singular; porém, como símbolo arquetípico, é uma imagem de Deus, e, portanto, geral e eterno."[26] Por essa razão, os conceitos de "destino" e *self* se fundem: um está contido no outro.

A consciência experimenta o *self* em ambos os aspectos, porém, seja como for, o próprio destino – Jung o chama a "individualidade no sentido mais elevado" – jamais pode ser plenamente realizado; continua sendo a tarefa e a meta da individuação.

ORDEM HISTÓRICA E ORDEM ETERNA

Embora a distinção entre a natureza individual e universal do *self* não seja levada a cabo coerentemente na obra de Jung, e talvez não possa ser, ele na verdade separa, com rigor, a personalidade do eu, por um lado, da grandeza transpessoal do *self*. São os grandes protagonistas no drama da individuação.

Nas suas memórias, Jung nos conta como se tornou pouco a pouco consciente da natureza antitética do eu e do *self*. Para estabelecer uma diferença entre eles, chamou o eu, com todas as suas limitações como cidadão, médico e pai de família, de "nº 1", enquanto o "nº 2" representava um fator intemporal que exercia influência de um mundo transpessoal; mesmo quando criança,

---

[25] C. G. Jung, *Aion*, Ob. Compl., vol. IX, 2ª ed., p. 72.

[26] Id.

sentira esta como uma "personalidade superior", "um velho de grande autoridade", "uma voz interior", e muitos outros aspectos. "Nº 1" e "nº 2" são designações bastante sóbrias, se considerarmos o seu conteúdo, embora Jung pudesse afirmar já ter descrito extensamente esses dois fatores ou figuras em sua obra científica. Além disso, ele era parcimonioso em palavras portentosas; os números simples em que estava interessado lhe bastavam.

Isso, naturalmente, deu origem a mal-entendidos. O conhecimento do mundo interior e a existência de um *self* que transcende a consciência ou "o grande homem" quase se perdeu nos nossos dias, e ficamos desamparados e desnorteados diante de qualquer experiência psíquica de base intemporal. O mundo objetivo, tudo o que é mensurável, nos fascina e escraviza, enquanto o irracional, o que se volta para o interior, o transcendental, permanece sem ser percebido ou é negado. A vida não aponta mais para além de si mesma. E, no entanto, a afirmação de que o homem participa de duas realidades – o consciente e o inconsciente, o eu e o *self*, a história e a eternidade, o pessoal e o transpessoal, o sagrado e o profano, a existência e a essência – é indício de um conhecimento interior que surgiu repetidas vezes ao longo da história humana e novamente desapareceu. A maioria das religiões, inclusive o cristianismo, dirige-se para o homem interior, espiritual, imortal, cujo reino "não é deste mundo" e, contudo, se realiza nele.

O entrelaçamento da realidade consciente e inconsciente, profana e sagrada, é parte integrante da experiência total do homem e, por essa razão, é que as relações entre a psicologia e a religião se tornaram para Jung o ponto de partida da sua "criação" do significado. Mais adiante, elas serão examinadas com mais detalhe. No seu reconhecimento da dupla natureza arquetípica do homem, a psicologia junguiana dá as mãos à teologia de Paul Tillich. Este também atribui ao homem duas ordens de ser diferentes: uma histórica, que é fundamentalmente a "ordem de crescimento e morte" e outra que é "a Palavra de Deus" e eterna. O homem "transcende tudo que faz parte da ordem histórica, todos os altos e baixos da sua existência. Como nenhum outro ser, ele ultrapassa os limites do mundo que lhe foi dado. Participa de algo infinito, de uma ordem que não é transitória".[27] As duas ordens de ser, a histórica e a divina, estão interligadas. "Embora nunca possam ser idênticas, estão entrelaçadas."[28] A ordem eterna manifesta-se na histórica, o que, psicologicamente, significa dizer que o *self* se desenvolve no mundo da consciência.

O homem passa, prossegue Tillich, para uma ordem intemporal sentida como divina; em termos psicológicos: tem suas raízes no inconsciente e nos conteúdos formativos deste, e penetra com a sua consciência cada vez mais profundamente nessa esfera oculta do numinoso. Por seu turno, a ordem divina se desenvolve em direção quase-inversa. Embora eterna, infinita,

---

[27] P. Tillich, *Zwei Seinsordnungen* [Duas ordens de ser], in: *A nova realidade*, Munique, 1963, p. 27.

[28] Id., p. 28.

inapreensível, flui como a "Palavra de Deus" da realidade transcendental para a vida restrita, historicamente limitada, do homem. A isso corresponde o fato psicológico de que o inconsciente penetra no consciente e é experimentado sob a forma de conteúdos e figuras arquetípicos numinosos, além do que o arquétipo transcendental do *self* se realiza no homem e na sua vida. O consciente e o inconsciente, o eu e o *self*, encontram-se na mesma relação recíproca e dinâmica que as duas ordens de ser de Tillich, a histórica e a eterna, a humana e a divina, interpenetram-se, mas não são idênticas.

A experiência da dupla natureza do homem não é desconhecida dos homens que refletem, mesmo nos dias de hoje. Ainda em nosso século, poetas – Hermann Hesse, Eugene O'Neil, Julian Green e outros, para não falar dos surrealistas – mostram seus personagens vivendo uma singular vida dupla, na fronteira entre o terrestre e o divino, o temporal e o eterno, o natural e o onírico. Nas memórias da sua infância – *As palavras* – Sartre faz também um relato da sua dupla natureza. Porém, em conformidade com a sua filosofia, permanece dentro do mundo do profano. Uma vez interrompeu a história das suas fantasias infantis sobre a sua própria grandeza e importância de futuro "escritor famoso", com a seguinte reflexão: "A fé, mesmo quando profunda, nunca é completa. Tem de ser mantida continuamente, ou ao menos preservada da destruição. Eu era consagrado e ilustre, *tinha* a minha lápide no cemitério do Père-Lachaise e talvez no Panteão. Tinha a minha avenida em Paris e minhas ruas laterais e praças na província e no estrangeiro; no entanto, no próprio âmago do meu otimismo, conservava uma invisível e indefinível suspeita em relação à minha falta de substância. No asilo de Santana, um doente gritou do seu leito: 'Eu sou o Príncipe! Prendam o Grão-Duque!' Alguém se dirigiu a ele e sussurrou: 'Limpe o nariz!' e ele o limpou. Perguntaram-lhe: 'Qual é a sua profissão?' e ele tranquilamente respondeu: 'Sapateiro', e começou a gritar novamente. Acho que somos todos semelhantes a esse homem; pelo menos eu, no nono ano da minha vida, eu era ao mesmo tempo príncipe e sapateiro."[29]

Mas, no que diz respeito ao sentimento existencial do homem e à possibilidade da experiência de sentido, faz enorme diferença se a natureza dupla do homem, como em Sartre, é transposta para o plano social e "secularizado", ou se abrange a imensurável distância entre as polaridades de "divino e humano", "intemporal e histórico", "onírico e real".

LIBERDADE E PRISÃO

O processo de individuação é a realização progressiva da unidade na vida e toma a forma de um confronto entre o consciente e o inconsciente, o eu e o *self*. Nesse confronto, o eu parece, de início, o perdedor. Resultando originariamente do *self*, "o eu está para o *self* como o que é movido para aquilo que move, como o

---

[29] J.-P. Sartre, *Die Wörter* [As palavras], Hamburgo, 1964, p. 159.

objeto para o sujeito, porque os fatores determinantes que se irradiam do *self* cercam o eu por todos os lados e são, portanto, superiores a ele".[30] Em dado momento, Jung fala até de uma "paixão do eu",[31] pois, na individuação, é o destino da personalidade do eu ser absorvido no círculo maior do *self* e ser despojado do suposto livre-arbítrio. O eu e, generalizando-se, o indivíduo, "sofre, por assim dizer, de uma violentação do *self*".[32] Daí a individuação ser sempre "tanto uma fatalidade como uma realização".[33]

A partir da perspectiva da preponderância do *self*, o processo de individuação só pode ser encarado como determinante. Uma "previsão sombria" parece pairar sobre ele. No entanto, este é apenas um aspecto do quadro, pois também o eu afirma o seu papel de centro da consciência.[34] Apesar da sua evidente dependência do *self*, ele conserva um sentimento inalienável de liber-

---

[30] C. G. Jung, *Wandlungssymbol in der Messe* [O símbolo da transformação na missa], Ob. Compl., vol. XI, p. 283.

[31] C. G. Jung, *Pyschol. Deutung d. Trinitätsdogmas* [Interpretação psicológica do dogma da Trindade], Ob. Compl., vol. XI, p. 71.

[32] Id.

[33] Carta de C. G. Jung de junho de 1949.

[34] C. G. Jung, *Über den Indischen Heiligen* [Os santos da Índia], Ob. Compl., vol. XI, pp. 629 e seg.: O eu também "proclama a sua exigência de modo irrecusável e com frequência se opõe, em surdina ou em alta voz, à necessidade de realização do *self*. Na realidade, com poucas exceções, a enteléquia do *self* consiste numa sucessão de compromissos sem fim, na qual o eu e o *self* se mantêm penosamente em equilíbrio para que tudo corra bem".

dade, que é a precondição da dignidade humana e a base necessária da responsabilidade moral. Acima de tudo, a consciência do eu é o veículo de toda experiência: sem ele, a individuação não poderia se tornar realidade, pois não haveria nada nem ninguém em *quem* ou através de quem a individuação seria perceptível e realizável. Nesse sentido, o *self* está até numa posição de relativa dependência do eu: o eu o cria, por assim dizer, pela conscientização e realização dos conteúdos inconscientes. Ele distingue as imagens do *self* em sonhos e em suas organizações na vida, e, através desse reconhecimento e aceitação do reconhecido, tira-o da escuridão do inconsciente para a luz da consciência.

Mais cedo ou mais tarde, a verdadeira individuação exige do homem uma disposição de abandonar as pretensões da sua personalidade em favor do *self* como autoridade supraordenada, e renunciar a elas sem se perder. A individuação sempre encerra sacrifício, uma "paixão do eu". Mas "não significa exatamente deixar-se tomar; é um abrir mão consciente e deliberado, que prova que se é capaz de dispor de si mesmo, isto é, do seu próprio eu".[35] No entanto, somos conduzidos a essa entrega livre ou voluntária de si pelo *self*, pelo seu impulso de desenvolvimento e realização própria. A personalidade mais abrangente toma o eu

---

[35] C. G. Jung, *Wandlungssymbol in der Messe* [O símbolo da transformação na missa], Ob. Compl., vol. XI, p. 281. – "A conscientização é uma renúncia constante, por ser uma concentração progressiva." (Carta de agosto de 1953.)

a seu serviço[36] e este torna-se o representante e o realizador do *self* no mundo da consciência.

A relação recíproca entre eu e *self*, ou homem e *self*, forma a base da afirmação paradoxal dos alquimistas de que a "pedra filosofal" – um símbolo do *self* – é, ao mesmo tempo, "filho" e "pai" do homem. Este o cria e é seu pai, é criado por ele e é seu filho.[37] Para expressá-lo com outra imagem: a unidade do homem, originalmente oculta e "aprisionada" no inconsciente, se revela ser, na verdade, durante a individuação, o elemento envolvente, a "prisão". O que é interiormente pequeno é capaz de se assustar ao descobrir sua falta de liberdade. Mas "o homem que é interiormente grande saberá que o amigo longamente esperado de sua alma, o imortal, chegou realmente agora 'para levar cativo o cativeiro' (Efésios, 4:8)".[38]

Com relação ao eu e ao *self* e sua dependência mútua, surge para a psicologia da individuação a antiga questão humana da liberdade. Sem liberdade, a individuação seria um mecanismo sem sentido, indigno, quer de pensamento, quer de esforço. Seria uma fatalidade e não uma realização. Inversamente, ela perderia todo o significado se houvesse liberdade completa pois então poderia ir tanto para uma como para outra direção. Não haveria nenhuma decisão, nenhum critério, nenhum objetivo.

---

[36] Id., p. 282.

[37] Id., p. 288.

[38] C. G. Jung, *Über Wiedergeburt* [Sobre o renascimento], Ob. Compl., vol. IX, 1ª ed., p. 135.

Como em todas as questões que confinam com o transcendental, a única resposta que a psicologia pode dar é uma resposta contraditória: o homem é livre e não é livre.[39] Não é livre para escolher o seu destino, mas sua consciência lhe dá a liberdade para aceitá-lo como uma tarefa que lhe foi atribuída pela natureza.[40] Se ele toma a responsabilidade pela individuação, submete-se voluntariamente ao *self* – em linguagem religiosa, submete-se à vontade de Deus. No entanto, a submissão não anula o sentimento de sua liberdade. Pelo contrário, só o sacrifício o justifica e a responsabilidade por seus atos e decisões lhe dá validade. O sacrifício é uma afirmação da tarefa que a vida representa. Ele aponta para além do homem e, por isso, pode levá-lo a uma autêntica experiência de significado. Alguns meses antes de sua trágica morte (18 de setembro de 1961), Dag Hammarskjöld escreveu em seu diário: "Não sei Quem ou o Quê apresentou a questão. Não sei quando foi apresentada. Não sei se a respondi. Mas em algum momento respondi *Sim* a Alguém ou Algo. E a partir dessa hora, surgiu a certeza de que a existência é significativa, e de que, portanto, a minha vida, ao se autoentregar, tinha uma meta".[41]

---

[39] C. G. Jung, *Wandlungssymbol in der Messe* [O símbolo da transformação na missa], Ob. Compl., vol. XI, p. 283.

[40] "Quando alguém toma a si, voluntariamente, a integridade, não precisa vivenciar que ela lhe 'acontece' contra a sua vontade e de modo negativo." C. G. Jung, *Aion*, Ob. Compl., vol. IX, 2ª ed., p. 80.

[41] Dag Hammarskjöld, *Zeichen am Weg* [Sinais no caminho], Munique/Zurique, 1965, p. 170.

O homem é livre para ampliar a sua consciência. Ao contrário dos animais e das plantas, é não só parte da natureza, mas foi criado como um ser dotado de espírito. Só o homem faz perguntas a respeito de Deus. Único na criação, livrou-se em grande parte do domínio da natureza e dos seus instintos. É ciente do bem e do mal e, devido ao eu consciente, possui a liberdade de decidir. No entanto, esse é apenas um dos seus aspectos, pois sua vida, suas ações e ideias são moldadas pelos arquétipos, e o impulso para vencer a inconsciência é engendrado pelo *self* preexistente. O homem se realiza como seu expoente, e se realiza igualmente como uma personalidade autônoma e livre que cria o significado e o consciente. Ou, em outras palavras: o *self* condena-o à prisão e destina-o à liberdade.[42]

Paul Tillich se refere a essa situação quando fala da "inevitabilidade da liberdade".[43] Em cada momento de agir ou não agir, somos compelidos a decidir, em disputa com a nossa própria natureza. Nisso existe uma exigência de liberdade que causa a

---

[42] O matemático Hermann Weyl formulou o paradoxo da liberdade de modo semelhante: "O espírito é livre na prisão de sua existência; o seu campo é o possível que está aberto para o infinito, ao contrário do ser fechado em si. Só quando a liberdade do espírito se prende à lei, o espírito compreende de modo reconstrutivo a dependência do mundo, e de sua própria existência no mundo." In: *A ciência como construção simbólica*, Anuário de Eranos, 1948, p. 381.

[43] Paul Tillich, *Auf der Grenze* [Na fronteira], Munique/Hamburgo, 1962, pp. 100 e seg.

"mais profunda inquietação em nossa existência". "Nosso ser é ameaçado por ela",[44] porque não é indiferente como decidimos. A necessidade de decisão pende como uma ameaça sobre a nossa existência, nada oferece nenhuma certeza, nem mesmo, agora, a ortodoxia, a piedade ou a verdade religiosa. Nesse abandono radical, sem salvaguardas, à situação limite de "liberdade inevitável", Tillich vê a autêntica marca distintiva do protestante.

O homem também está "condenado à liberdade" na visão existencialista do mundo, de Jean-Paul Sartre. A liberdade pende sobre ele como uma condenação. Ele é o seu próprio senhor, condenado a criar a si mesmo. "Estou condenado a não ter nenhuma lei, a não ser a minha própria." (*Les Mouches* - As moscas.) Para o existencialismo, não há nenhum agente fora do mundo da consciência, nenhum Deus a quem o homem se submeta, nenhum *self* para destiná-lo à liberdade. No final, ele é posto em si mesmo, em seu eu: como eu, o homem cria a si mesmo. Em sua insegurança e condenação à liberdade total, encontra a sua vocação. Segundo Tillich, a coragem para essa liberdade é a "coragem do desespero", em que ele vislumbra, porém, a possibilidade de superar finalmente o medo da vida.

Do ponto de vista psicológico, deixa de lado, nisso tudo, o fato complementar de que o homem, como eu-personalidade, teve origem na grandeza transcendental do *self*, que em cada momento ele vive graças à conexão do eu com a sua origem

---

[44] Id.

numinosa, mesmo quando desconhece o fato.[45] As palavras de Jung, "Não sou eu que crio a mim mesmo, mas eu aconteço para mim", colocam o *self* como algo que existe *a priori*. Quer seja conhecido ou desconhecido, é o ordenador dos eventos da vida. Na linguagem religiosa dos antigos: *Vocatus atque non vocatus Deus aderit*.[46] Chamado ou não chamado, afirmado ou negado, Deus estará presente. O homem não pode escapar de ser destinado pelo *self*, mesmo em sua liberdade, mas a possibilidade de uma experiência de significado está no reconhecimento de sua característica. Então a vida se torna transparente para o impressor oculto.

A liberdade e a prisão acompanham e condicionam a história da evolução do homem. Sua consciência aumentou consideravelmente de alcance, desde seu primeiro despertar, e adquiriu um forte sentimento de liberdade. Em razão de sua iluminação racional, sua tecnologia e seu conhecimento, o homem civilizado é muito mais livre do que o chamado primitivo, que permaneceu cativo, mas também salvaguardado, pela natureza e pelo inconsciente. A consciência, ampliando-se ao longo dos milênios, é o prêmio maior

---

[45] Erich Neumann fala de uma "filosofia da falta de raízes", na qual o homem se manifesta "como 'apenas eu', e nada sabe de sua conexão com o *self*, no qual se baseia como eu, do qual se origina, do qual vive, e está presente de modo inextinguível em seu próprio núcleo numinoso". Extraído de: *Die Sinnfrage und das Individuum* [A questão do significado e o indivíduo], Anuário de Eranos, 1957, p. 20.

[46] Chamado ou não chamado, Deus estará aqui. Essas palavras, que são um oráculo délfico, estão sobre a porta da casa de Jung, em Küsnacht, e na lápide do túmulo de sua família.

da evolução, especialmente devido ao sentimento de liberdade que comunica. Contudo, o preço pago não é pequeno, pois com a ampliação da consciência e do progressivo sentimento de liberdade, perdeu-se o aconchego e a segurança original que os instintos lhe davam. O homem ficou alienado da natureza, sua consciência esqueceu sua origem no inconsciente, e essa unilateralidade se tornou a fonte de violações do instinto que conduz à aberração, ao sofrimento e, uma vez mais, à prisão – sem contar o fato de que sua dependência original das forças indômitas da natureza foi substituída por uma dependência crescente dos políticos, da economia, da tecnologia etc., resultando daí que o homem moderno, com toda a sua liberdade, é incapaz de resistir à influência sugestiva das tendências de massificação, e todos sucumbem muito facilmente a elas.

A supervalorização unilateral da consciência racional e de um mundo dominado pelo eu, assim como a lesão dos instintos, estão na raiz de muitas neuroses e doenças psíquicas do homem moderno. Por isso, a consideração e experimentação do substrato psíquico tornou-se uma necessidade imperiosa. É uma das tarefas da individuação do homem moderno o reconhecimento de que a sua consciência autônoma, que se imagina tão superior e, no entanto, é tão sugestionável, depende das condições sociais e vitais externas, assim como é determinada pelos fatores psíquicos internos, e que, apesar dessa compreensão, conserva seu senso de responsabilidade e liberdade. A personalidade consciente, que obedece ao seu destino individual, é o único baluarte contra os movimentos de massificação da sociedade moderna. Aí se encontra o significado social da individuação.

Capítulo 7

O BEM E O MAL

O CONFLITO HUMANO

O entrelaçamento de liberdade com a falta de liberdade afeta o homem de modo mais profundo no conflito entre o bem e o mal. Sou livre para escolher o bem? Não sendo responsável por isso, estou condenado a fazer o mal? Sem o sentimento de liberdade interior, e sem autonomia do eu, não haveria nenhuma individuação, nem ação ética, nem significado. Por essa razão, Jung atribuiu crucial importância à consciência e à responsabilidade humana. A confrontação com a sua própria escuridão, experimentada na análise, não pode ser feita sem uma consciência extremamente lúcida.

Os pensamentos de Jung sobre a realidade e o efeito do mal percorrem a sua obra como um fio vermelho.

Ele examinou o mal como uma realidade psíquica na vida do indivíduo e da sociedade, mas estava igualmente interessado pelo seu poder numinoso e pelo papel que representava na realidade religiosa.[1] No âmbito deste trabalho, devemos nos restringir aos aspectos que afetam a questão do significado: O significado é invalidado pelo mal? E o significado da individuação só se consumará se o mal for condenado, se, de acordo com o mandamento cristão, a meta for evitar o mal?

Jung respondeu não a ambas as perguntas formuladas desse modo absoluto, pois os "poderes da esquerda e da direita" fazem parte da unidade, e o objetivo da individuação não é o homem perfeito, mas o homem completo com sua luz e com sua escuridão. O mal, assim como o bem, é dado ao homem juntamente com o dom da vida. Não pode nunca ser completamente vencido, embora o homem tenha a chance de contê-lo, tornando-se

---

[1] Para isso, ver Jung, *Versuch einer psychologischen Deutung des Trinitätsdogmas* [Tentativa de interpretação psicológica do dogma da Trindade], *Antwort auf Hiob* [Resposta a Jó], *Gut und Böse in der Analytischen Psychologie* [O bem e o mal na psicologia analítica] (todos em Ob. Compl., vol. XI); *Das Gewissen in psychologischer Sicht* [A consciência do ponto de vista psicológico], *Gegenwart und Zukunft* [Presente e futuro] (ambos em Ob. Compl., vol. X), e *Erinnerungen von C. G. Jung* [Memórias de C. G. Jung]. Literatura secundária: Erich Neumann, *Tiefenpsychologie und neue Ethik* [Psicologia profunda e uma nova ética], Munique, 1964; J. Hillman, *Die Begegnung mit sich selbst* (O encontro consigo mesmo), Stuttgart, 1969; L. Frey-Rohn, *Das Böse in psychologischer Sicht* [O mal do ponto de vista psicológico] (Estudos do Instituto C. G. Jung, Zurique, vol. XIII, 1961).

cônscio dele e analisando-o. Quanto mais consciente for de suas predisposições para o mal, mais condições terá de resistir às forças destrutivas dentro de si.

Em geral, a individuação tem início quando o homem se torna consciente da própria sombra, da escuridão e do mal inconscientes, que são, no entanto, parte integrante de sua totalidade. Na sombra, vive tudo o que não quer ou não pode se adaptar aos costumes e convenções, assim como às leis religiosas e civis. É a "negação" mefistofélica, a contrarrealidade com a sua desobediência, a vontade recalcitrante e a revolta contra o cânone cultural. Uma confrontação com a sombra, entretanto, torna-se singularmente difícil pelo fato de ela não ser sempre, nem de modo inequívoco, um "mal". A sombra não é tão-somente destrutiva, e a consciência nem sempre está do lado das prescrições gerais. A propósito disso, citaremos agora dois exemplos.

Dada essa complicação psicológica, a atitude ética é um pré--requisito indispensável a qualquer confrontação do homem com a sombra. No entanto, mesmo para a personalidade ética, ou talvez para ela em especial, há na vida situações difíceis ou trágicas em que a consciência moral, contra toda razão e vontade, e desafiando a consciência, toma o partido da sombra, da personalidade inferior, e questiona o valor da submissão ao código moral. Em tais situações, a unidade da personalidade se desintegra. Em vez de uma sincera afirmação da tradição geralmente aceita, sobrevém um conflito individual, com todo o sofrimento que traz. Entramos, como Jung nos ensina, num choque de deveres. Obrigação é lançada contra obrigação, vontade contra vontade. Ao deixar Freud, seu mestre e amigo paternal, Jung estava justamente nesse conflito de deveres. Sua decisão de se separar foi precedida de longas lutas interiores. Ele a tomou obedecendo à voz da consciência e da sua destinação, porém em desobediência ou revolta contra as normas do dever filial, da lealdade, do respeito e da gratidão. Seguiu sua sombra interior. Seu sofrimento e sua desorientação nos anos posteriores à separação provam quão difícil foi essa decisão. De qualquer modo, equivalia a um sacrifício.[2] Só muito mais tarde é que sua vida e obra demonstraram que isso não foi em vão.

Outro exemplo, extraído da história da religião e com significado de grande alcance, foi a experiência de Lutero que, após pesados tormentos de consciência, sendo um jovem monge desconhecido, pôs-se a criticar publicamente a Igreja Católica. As palavras colocadas em sua boca e que se tornaram famosas, e com as quais encerrou sua defesa na Dieta de Worms (1521): "Aqui estou, não posso fazer outra coisa; ajude-me portanto, Senhor, Amém", estão carregadas da agonia da desobediência obediente.[3]

---

[2] Para isso, ver: *Erinnerungen von C. G. Jung* [Memórias de C. G. Jung], pp. 174 e segs.

[3] As palavras de Lutero como estão formuladas na tradição histórica são um tanto diferentes: "Por conseguinte, não posso nem quero desmentir nada, porque agir contra a consciência não é certo, nem faz bem. Ajude-me portanto, Senhor, Amém." Citado segundo Hanns Lilje: *Martin Luther in*

Os choques de dever são marcos no caminho da individuação, pois "nada amplia mais a consciência do que essa confrontação dos antagonismos internos".[4] Ela pressupõe uma responsabilidade consciente, que é mais diferenciada do que a observância obediente das exigências da lei. A conscientização e a ética do homem não são testadas no cumprimento lógico dos preceitos seculares e espirituais coletivamente aceitos, mas no modo como ele se comporta e decide ao se defrontar com os conflitos de dever. Nesse caso, ele é desafiado como um homem completo, que se encontra só. "No seu caso, a corte é transferida para o mundo interior, sendo o veredicto pronunciado a portas fechadas."[5]

Seria um equívoco desastroso querer deduzir, do sutil questionamento da consciência pedido por Jung, uma liberdade para o mal por motivos subjetivos. "Mesmo no cume mais elevado, jamais estaremos além do bem e do mal...; pois, do mesmo modo que no passado, também no futuro todo erro cometido, intencional ou imaginado, será vingado em nossa alma, não

---

Selbstzeugnissen und Bilddokumenten [Martinho Lutero em testemunhos pessoais e documentos ilustrados], Hamburgo, 1965, p. 85. Ver também Hans Schär, *Das Gewissen in protestantischer Sicht* [A consciência na perspectiva protestante], in: Ensaios do Instituto C. G. Jung, Zurique, vol. VII, 1957, pp. 119 e segs.

[4] *Erinnerungen von C. G. Jung* [Memórias de C. G. Jung], p. 348.

[5] Idem. – "Não considero de modo algum um merecimento moral especial o fato de alguém evitar tudo o que habitualmente se considera pecado. Atribui-se valor ético unicamente à decisão tomada em situação de dúvida extrema." (Carta de janeiro de 1949.)

importando que viremos ou não o mundo de cabeça para baixo."[6] Sente-se mais ainda o efeito retroativo do mal quando não é simplesmente uma questão de agir errado, mas de um crime propriamente dito. Como psiquiatra, Jung constatou mais de uma vez que, mesmo não revelado e não expiado, o crime pode ter um efeito devastador na alma e na vida de quem o cometeu.[7]

No entanto, algo muda efetivamente com a ampliação da consciência: perde-se a ingênua segurança nos juízos de valor correntes. Fora da esfera das exigências morais evidentes por si mesmas, desaparecem os contornos definidos do "bem" e do "mal"; em última instância, reconhece-se que não há nenhum bem que não possa causar mal, e mal algum que não possa causar bem. Além disso, bem e mal não são absolutos, mas julgamentos humanos dependentes da cultura e da religião e do sentimento de valor que nos são inculcados. Em consequência dessa relatividade e incerteza, a solução de um conflito moral não pode mais ser decidida exclusivamente pela consciência, nem pelo código moral tradicional; a voz interior tem também que ser ouvida, e levada a sério a reação do inconsciente. A responsabilidade individual é devida, de fato, ao mundo exterior, tanto quanto ao mundo interior e sua mais alta autoridade, o *self*.[8]

---

[6] C. G. Jung, *Psychol. Deutung des Trinitätsdogmas* [Interpretação psicológica do dogma da Trindade], Ob. Compl., vol. XI, p. 196.

[7] *Erinnerungen von C. G. Jung* [Memórias de C. G. Jung], pp. 121 e segs. e 128 e segs.

[8] Ver *Erinnerungen von C. G. Jung* [Memórias de C. G. Jung], p. 332: "A avaliação moral está sempre baseada nas certezas aparentes de um código moral que

VONTADE E CONTRAVONTADE NA IMAGEM DE DEUS

A totalidade do ser humano se desenvolve na capacidade voluntária e consciente de suportar o conflito, na solução dele através de uma decisão ou de uma aceitação. A causa de ser empurrado em duas direções, colocado entre o sim e o não, entre a vontade e a contravontade, entre o bem e o mal, encontra-se no arquétipo do *self* transcendental, onde os opostos estão preformados potencialmente. O que constitui uma unidade invisível no *self* aparece separado na consciência, e por isso é perceptível. O eu então experimenta a antinomia da totalidade transconsciente sob a forma de opostos complementares.

A importância da confrontação com os antagonismos morais só pode ser plenamente avaliada se, paralelamente ao aspecto psicológico, levarmos em conta também o aspecto religioso da unidade, seu caráter indistinguível da imagem arquetípica de Deus na alma humana. Embora isso não altere os fatos, a maneira

---

pretende conhecer precisamente o que é o bem e o que é o mal. Mas, desde que sabemos quão incerta é a base, a decisão ética se torna um ato criativo subjetivo. Só podemos nos convencer da sua validade *Deo concedente* – isto é, deve haver um impulso espontâneo e decisivo da parte do inconsciente. A própria ética, a decisão entre bem e mal, não é afetada por esse impulso, tornado apenas mais difícil para nós. Nada pode nos poupar do tormento da decisão ética. Contudo, por desagradável que possa parecer, devemos ter a liberdade, em algumas circunstâncias, de evitar o bem moral conhecido e fazer o que é considerado mal, se assim exigir a nossa decisão ética."

como o expressamos se altera, porque devemos dizer agora que o sim e o não, a vontade e a contravontade, o bem e o mal estão contidos na própria imagem de Deus; ou, na linguagem simbólica da mitologia: "... a contravontade também é um aspecto da vontade de Deus";[9] portanto, Deus exige do homem não só obediência, mas também desobediência. Foi o próprio Deus quem deu ao homem a capacidade de querer de maneira diferente.[10]

Devido ao conflito moral e à exigência desconcertante, realmente surpreendente, de "desobedecermos a Deus", na ação ética a liberdade e a falta de liberdade também se tornam relativas. Neste caso, o arquétipo do *self* é novamente o fator ativo, que quer penetrar na consciência para realizar seus aspectos antinômicos. Estes aparecem nas imagens e nas ideias religiosas como a ambivalência moral da imagem de Deus; às vezes, surgem no conteúdo da atitude do devoto com relação ao bem e ao mal. Desse modo nos encontramos, na psicologia rabínica, com a doutrina dos dois impulsos do homem — e o mandamento de que este deve amar a

---

[9] C. G. Jung, *Psychol. Deutung des Trinitätsdogmas* [Interpretação psicológica do dogma da Trindade], Ob. Compl., vol. XI, p. 215. O trecho integral é: "A capacidade de querer de modo diferente deve, infelizmente, ser real, se a ética tiver algum sentido. Qualquer pessoa que se submeta à lei desde o começo, ou ao que geralmente se espera, age como o homem da parábola, que enterrou seu talento na terra. A individuação é uma tarefa extraordinariamente difícil: envolve sempre um conflito de deveres, cuja solução exige que compreendamos que a contravontade também é um aspecto da vontade de Deus."

[10] C. G. Jung, id., p. 213.

Deus com ambos. R. Zwi Werblowsky diz:[11] "'O Santo criou dois impulsos, que Ele seja louvado; um é o impulso bom, o outro é o impulso mau.' O interior do homem nada mais é que o campo de batalha desses dois impulsos... O mandamento: 'Deves amar o Senhor teu Deus com todo o teu coração' é interpretado pelo Misnah[12] como 'com ambos os teus impulsos'." A psicologia rabínica reconhece que o Senhor é o criador dos impulsos "bons" e "maus", pois disse em Isaías 45:7: "Eu formo a luz e crio a escuridão; faço o bem e crio o mal; Eu, o Senhor, faço todas as coisas."

No judaísmo, a concepção do mal como uma realidade metafísica em Deus foi reformulada e desenvolvida no misticismo da Cabala:[13] Diz-se que o bem e o mal estão contidos no próprio Deus; sua severidade caminha ao lado do seu amor. Ou então: o bem e o mal "se entrelaçam" em Deus, de modo que no mal brilha também uma centelha da luz divina. Diz-se que a raiz de todo mal se encontra na própria natureza da criação; por isso, tudo o que está oculto em Deus pode tornar-se completamente manifesto (Isaac Luria). Segundo G. Scholem, as numerosas tentativas do misticismo cabalista de explicar o antigo mistério do bem e do

---

[11] R. Zwi Werblowsky, *Das Gewissen in jüdischer Sicht* [A consciência na perspectiva judaica], Ensaios do Instituto C. G. Jung, Zurique, vol. VII, 1958, pp. 104 e segs.

[12] Misnah é a mais antiga codificação da lei religiosa judaica, compilada em seis "classes", por volta do ano 200, com base nas tradições escolásticas.

[13] Ver G. Scholem, *Gut und Böse in der Kabbala* [O bem e o mal na Cabala], Anuário de Eranos, 1961, pp. 29 e segs.

mal como um problema inerente à própria divindade remontam "àquela prodigiosa inquietação que o Livro de Jó introduziu no mundo, com sua apaixonada reinquirição de Deus".[14]

Hoje, mais de dois milênios e meio depois, essa "apaixonada reinquirição de Deus" não perdeu nada de sua urgência; como veremos, foi a mesma "prodigiosa inquietação" que comoveu Jung, quando ele escreveu sua *Resposta a Jó*.

A ambivalência moral de um Deus que "faz o bem e cria o mal" representou também um papel na história do cristianismo, sobretudo com Jacob Böhme (1575-1624). Para ele, o "amor de Deus" e a "ira de Deus", sua luz gloriosa e seu fogo ardente, pertencem inseparavelmente um ao outro. Ambos são a "emanação da palavra eterna de Deus".[15] A obra gigantesca de Böhme está sob o signo da revelação do antagonismo incompreensível de Deus. "Como pode ele ser um Deus irado e ciumento, se ele próprio é amor imutável? Como podem o amor e a ira ser uma só coisa?"[16] Segundo Böhme, o bem e o mal são necessidades existenciais. A vida só pode existir, tanto em Deus como no homem, quando existe o mal juntamente com o bem.[17]

---

[14] Id., p. 67.

[15] Jacob Böhme, *Werke* [Obra], Leipzig, 1843, vol. VI, p. 644.

[16] Idem, *Theosophische Fragen oder 177 Fragen von göttlicher Offenbarung* [Questões teosóficas ou 177 questões sobre a revelação divina], *Werke* [Obra], vol. VI, p. 597.

[17] Ver Victor Weiss, *Die Gnosis Jakob Böhmes* [A gnose de Jacob Böhme], Zurique, 1955. – Para a ambivalência moral das figuras divinas e as ideias

A psicologia do inconsciente expressa de outro modo o mesmo fato: vivemos o *self* transcendente da consciência através dos seus efeitos bons e maus. Os efeitos maus se manifestam como "sombras" na própria alma, mas também como injustiça e sofrimento na vida e no mundo. "Bem" e "mal" são aspectos da imagem arquetípica de Deus e, juntos, pertencem à totalidade do homem e da vida.

---

espirituais mais elevadas nos mitos e religiões orientais, ver M. Eliade, *La Coincidentia Oppositorum et le Mystère de la Totalité* [A *coincidentia oppositorum* e o mistério da totalidade], Anuário de Eranos, 1959, pp. 195 e segs., e Alan W. Watts, *The Two Hands of God* [Os dois aspectos de Deus]. *The Myths of Polarity* [Os mitos da polaridade], Nova Yorque, 1963.

Capítulo 8

"RESPOSTA A JÓ"

IMAGEM VERBAL E OBJETO

Ao constatar a antinomia moral do *self*, especialmente quando considerada, em seu aspecto religioso, como a antinomia moral da imagem de Deus, Jung ofendeu muitos de seus leitores e provocou violenta resistência. As reações poderiam ter sido menos contundentes se ele tivesse baseado sua prova apenas nas manifestações do inconsciente de seus discípulos e pacientes, ou em obras de literatura profana. Teria sido, então, menos comprometedor. Mas, na *Resposta a Jó*, ele se baseou sobretudo na interpretação do Livro de Jó e do Apocalipse de São João. Isso foi mal interpretado, como sendo um ataque ou um desafio. Levando em conta que os escritos bíblicos, do ponto de vista psicológico, devem ser considerados testemunhos do homem e da alma humana, e que a vivência religiosa faz parte da realidade central da psique, as afirmações de Jung permaneceram dentro dos limites da psicologia; elas não invadiram, com seus objetivos específicos de pesquisa, o campo da teologia, nem tocaram na atitude religiosa da fé, que permanece inteiramente fundamentada em outras bases.

Jung leu o texto bíblico como um leigo, sem considerar os resultados da moderna interpretação teológica da Bíblia. Foi frequentemente censurado por isso. Refere-se a esse fato numa carta (abril de 1960) ao Dr. Josef Rudin, S. J.: "...Mais uma pergunta: será que o senhor diz, num tom de suave reprovação, que eu não tive consideração para com a 'teologia da Bíblia' (a propósito da *Resposta a Jó*)? Se não fosse assim, teria escrito do ponto de vista teológico, e o senhor teria todo o direito de me acusar de blasfêmia. Do lado protestante, foi feita uma acusação semelhante, de que eu menosprezo a crítica mais elevada do texto. Mas por que esses senhores não editaram um Jó redigido de tal modo que correspondesse ao ponto de vista deles? Sou um leigo, e tenho diante de mim apenas o Jó traduzido que foi servido ao público leigo, com o *consensu autoritatis*. É sobre esse Jó que o leigo reflete, e não sobre as especulações da crítica textual, que aliás nunca lhe são apresentadas e, além disso, não dão nenhuma contribuição relevante ao espírito desse livro..."[1]

---

[1] Citado por J. Rudin, *Psychotherapie und Religion* [Psicoterapia e religião. Problemas da ciência da psicologia profunda e da prática analítica], 2ª edição, Olten, 1964, p. 13.

Para o leitor leigo, o Deus descrito no Livro de Jó tem um aspecto sombrio e aterrador. Ele põe em dúvida seu piedoso servo Jó e faz uma aposta com Satã para pô-lo à prova. Este aflige-o com todos os tipos de sofrimentos e atribulações e aniquila sua existência. Fala com toda a onipotência e ira aterradora ao homem aniquilado com essa desgraça. O Deus do Livro de Jó é injusto e cruel. É um *tremendum*. O Cristo do Apocalipse também é um *tremendum*, distribuindo devastadora punição à humanidade no Dia do Juízo. Ele tem igualmente um "terrível aspecto duplo".[2]

Enquanto no Livro de Jó trata-se da imagem de um Deus pessoal, Jung fala, em sentido antropomórfico, de seu "aspecto amoral". São palavras duras. No entanto, a carga de blasfêmia levantada contra ele e sua obra *Resposta a Jó* não toca nem no conteúdo, nem na intenção do livro. Jung não se refere ao próprio Deus, nem poderia. O próprio Deus – o "Deus além de Deus" de Tillich – está além da representação e compreensão humanas. Permanece um *mysterium*. O livro de Jung tem a ver com a imagem específica de Deus que emerge do Livro de Jó, e com a imagem específica de Cristo que emerge do Apocalipse. Entretanto, a extraordinária numinosidade dessa e de outras imagens religiosas "é tal que não só dão a sensação de apontar para o *Ens realissimum*, como convencem de que realmente o expressam e o estabelecem como fato".[3] Para a experiência subjetiva, a

---

[2] C. G. Jung, *Antwort auf Hiob* [Resposta a Jó], Ob. Compl., vol. XI, p. 484.

[3] C. G. Jung, idem, p. 391. Ver também *Erinnerungen von C. G. Jung* [Memórias de C. G. Jung], p. 343: "A Palavra de Deus vem a nós, e não temos

vivência da imagem arquetípica de Deus é uma experiência de Deus. Daí a dificuldade da discriminação intelectual e da reflexão psicológica científica.

Se Jung, todavia, usa a palavra "Deus" ou "divindade", trata-se apenas de uma imagem verbal, de um conceito ou símbolo,[4] sem levar em conta se ele a toma no uso corrente ou na acepção real do texto que interpreta, ou se pensa na autonomia e numinosidade do arquétipo do *self*. "Quando digo 'Deus', refiro-me a uma imagem antropomórfica (arquetípica) de Deus, e não imagino ter dito qualquer coisa a respeito de Deus", escreveu ele numa carta de abril de 1952. Pode-se admitir que esse subentendido no uso da palavra dificulta a compreensão e, por isso, levou a todo tipo de equívocos. Do ponto de vista epistemológico – a que Jung se refere aqui – existe o mesmo subentendido para todos os que pronunciam a palavra "Deus". Somos incapazes de expressar o próprio Deus, porque ao falar usamos as imagens tradicionais da nossa linguagem. Por conseguinte, toda conversa a respeito de Deus é simbólica ou mitológica. Sem considerar certas formulações a que já nos referimos, a

---

nenhum meio de distinguir se ela é diferente de Deus e em que extensão o é. Não há nada neste "verbo" que não fosse conhecido e humano, exceto a circunstância de que ele nos confronta espontaneamente e nos compromete. Subtrai-se ao nosso arbítrio."

[4] Ver C. G. Jung, *Antwort auf Hiob* [Resposta a Jó], Ob. Compl., vol. XI, p. 488, nota 1: "Psicologicamente, o conceito de Deus inclui toda ideia de algo final, primeiro e último, mais alto e mais baixo. O nome não faz nenhuma diferença."

base de todas as afirmações de Jung sobre o religioso é que o próprio Deus ou o divino em si não pode ser apreendido por nenhuma palavra ou descrição humana, nem por quaisquer categorias de valor. "Bem e mal são sentimentos de valor da esfera humana que não podemos estender além dela. O que acontece além está fora do nosso julgamento: Deus não pode ser captado com os atributos humanos."[5] As expressões "atributos humanos" e "categorias morais de valor" referem-se apenas *à imagem de Deus*.

Para Jung, a abolição da identidade de imagem verbal e objeto, de aparência e realidade, é necessária para o progresso da consciência humana. Esse progresso já está realizado, atualmente, pela ciência natural.[6] Mas Jung o exigiu também do pensamento religioso e teológico. "Eu me interesso particularmente por esse progresso da consciência humana", escreveu ele a um teólogo protestante (junho de 1955). "Trata-se de uma tarefa difícil, à qual devotei toda a obra da minha vida." Como vimos, a distinção entre as imagens arquetípicas na consciência e o "arquétipo em si", transcendente à consciência, ou seja, entre o fenômeno e o número, entre o ordenado e o ordenador, constitui o fundamento da sua psicologia do inconsciente.

---

[5] C. G. Jung, *Psychol. Deutung des Trinitätsdogmas* [Interpretação psicológica do dogma da Trindade], Ob. Compl., vol. XI, p. 214.

[6] Ver capítulo 4 (A Realidade Oculta) – *Aparência e Realidade*.

A ANTINOMIA DO SAGRADO (PAUL TILLICH)

O que é comumente chamado "divino", ou seja, bondade e graça, é algo muito unilateral em comparação com o paradoxo do numinoso. Tillich também expõe esse ponto de vista na sua filosofia da religião: "Em seu sentido original, o Sagrado indica igualmente o divino e o demoníaco. Mas, ao mesmo tempo que a dicotomia da consciência religiosa caracteriza o demoníaco como demoníaco, a ideia do Sagrado é equiparada ao divino. O Sagrado se torna imediatamente o que é certo, o que é exigido."[7]

Tillich declara que a antinomia do divino é o pré-requisito necessário de sua realidade. "A autoafirmação do ser sem o não ser não seria sequer autoafirmação, mas uma autoidentidade fixa e encerrada em si. Nada seria manifesto, nada expresso, nada revelado... Sem a negação, que Deus tem que vencer em si e em suas criaturas, sua autoafirmação seria letra morta. Não haveria nenhuma revelação do substrato do ser, nenhuma vida. Mas onde existe o não ser, há o finito e o nada... É uma linguagem simbólica a que usamos aqui. Mas o caráter simbólico não diminui sua verdade. Falar em linguagem não simbólica sobre o próprio ser seria falso."[8]

---

[7] P. Tillich, *Religionsphilosophie* [Filosofia das religiões], Stuttgart, 1962, p. 76.

[8] P. Tillich, *Der Mut zum Sein* [A coragem de ser], Stuttgart, 1965, pp. 178 e seg. Tillich usa com frequência "substrato do ser" e "o próprio ser" como

O Livro de Jó usa a linguagem simbólica – no sentido de Tillich e no de Jung – quando fala da esperança de encontrar em Deus um ajudante e um advogado contra Deus. É em linguagem simbólica que Jung descreve a "vontade de fazer de modo diferente" como a "vontade de Deus", e o Deus de Jó como bom e mau. Quando ele assinala a "ambivalência da imagem de Deus", está usando a linguagem científica e não a simbólica. Do ponto de vista psicológico, só essa imagem de Deus ambivalente é genuinamente monoteísta, enquanto a identificação do divino com o bem deixa de lado um aspecto da realidade numinosa, o mal (o "demoníaco" de Tillich). Esse aspecto criou o seu próprio expoente simbólico na figura de Satã, ou do diabo.[9]

Essas considerações levaram Jung a rejeitar a doutrina católica de Deus como o *Summum Bonum*, e nunca retirou sua crítica. Neste caso, igualmente, compreendeu de modo literal e como um leigo a noção teológica, e a noção do mal dela derivada, no sentido da *privatio boni* (diminuição do bem); queria ler do mesmo modo o Livro de Jó – como leigo, isto é, de forma

---

circunlóquios para Deus. Ver *Das neue Sein als Zentralbegriff* [O novo ser como ideia central], Anuário de Eranos, 1954, pp. 262 e seg.

[9] Ver *Erinnerungen von C. G. Jung* [Memórias de C. G. Jung], p. 340: "O mito deve tomar fundamentalmente, com seriedade, o monoteísmo e pôr de lado o seu dualismo, muito repudiado, que até deixou de existir, ao lado do bem onipotente, um eterno antagonista sombrio. Ele deve dar lugar ao *complexio oppositorum* filosófico de Nicolau de Cusa e à ambivalência moral de Jacob Böhme; só assim pode-se atribuir ao Deus Uno a unidade e síntese dos opostos que lhe cabem."

ingênua e literal – e sobre essa base interpretá-lo psicologicamente. As modernas exegeses teológicas das doutrinas escolásticas interessaram tão pouco a ele quanto à crítica textual científica e teológica da Bíblia. O ponto essencial, para ele, era sempre o conteúdo mitológico e arquetípico das afirmações religiosas. O que lhe interessava eram os elementos aborígenes subjacentes à crença popular e seu substrato psicológico. Por conseguinte, não podia haver nenhum compromisso com a teologia católica em relação à doutrina da *privatio boni*.[10]

TESTEMUNHO SUBJETIVO DE JUNG

A acusação mais comum de que a *Resposta a Jó* é sarcástica no tom e emocional na linguagem não pode ser refutada. Há longas passagens carregadas de emoção, de ironia e agressividade. O próprio Jung estava cônscio disso. Ele explica seu estilo, na introdução,

---

[10] Ver Josef Rudin, *C. G. Jung und die Religion* [Jung e a religião], in: *Orientierung* [Orientação], nº 21, ano 28, Zurique, 15 de novembro de 1964: "Naturalmente, deve-se admitir que Jung não apreciou a doutrina escolástica do mal, a *privatio boni* – e com isso atraiu sobre sua própria cabeça a carga de Victor White de o ter compreendido radicalmente mal. Uma simples *privatio* pareceu a Jung inócua demais para expressar de forma adequada o formidável poder do mal que experimentamos com bastante frequência. Mas a *privatio boni* não implica, de modo algum, uma simples diluição do bem; ela assegura uma perda catastrófica do valor denominado 'transcendência', que pertence aos próprios fundamentos do ser. Quando o *bonum* é diminuído, há uma diminuição simultânea e insuportável do ser – sua integridade é destruída."

como uma "reação subjetiva" que expressa o abalo em face da "barbaridade e perversidade nua" da divindade; para isso o Livro de Jó serve apenas como paradigma.

As raízes pessoais da reação subjetiva de Jung remontam à infância, quando, menino de doze anos, experimentou o mal e o demoníaco como uma realidade esmagadora. Por muitos dias e noites, lutou com a escuridão que se avolumava nele, até que venceu o seu medo. Sua coragem para descobrir a verdade sobre o *tremendum* levou inesperadamente a uma experiência da graça.[11] Além disso, foi forçado a assistir a seu pai, um pastor, despedaçar-se interiormente devido a problemas não resolvidos da fé cristã. Desde então, a concepção cristã de um Deus bondoso e amorável não pôde mais se conciliar com os sentimentos religiosos de Jung e sua própria realidade psíquica. O fato de que, além do pai, oito de seus tios eram padres, favoreceu com certeza a compensação rumo ao lado escuro, nesse menino reflexivo e introvertido.

Contudo, a *Resposta a Jó* deve ser compreendida como uma reação subjetiva em mais outro sentido. Todas as obras de Jung são, numa certa medida, autobiográficas. "Minhas obras podem ser consideradas estações da minha vida, a expressão do meu desenvolvimento interior, porque a ocupação com os conteúdos do inconsciente forma o homem e promove a sua transformação. Minha vida é o meu fazer, o meu trabalho espiritual. Uma é

---

[11] *Erinnerungen von C. G. Jung* [Memórias de Jung], pp. 42 e segs.

inseparável do outro."[12] Como "expressão do desenvolvimento" interior, ou etapa do processo de individuação, a *Resposta a Jó* é uma confrontação entre o eu e o *self* levada aos limites do suportável; ou, de outro modo: o questionamento de Jung com a imagem de Deus, que o tocou profundamente. "Deus é sempre específico e sempre regionalmente válido, de outro modo seria ineficaz. A imagem ocidental de Deus é a que é válida para mim, quer concorde intelectualmente com ela ou não. Não faço filosofia religiosa, mas estou aprisionado, quase-morto, e me defendo o melhor que posso", escreveu Jung a Erich Neumann, a respeito da *Resposta a Jó*, numa carta de janeiro de 1952. Ele lutou com o caráter imediato da experiência religiosa. Sua emoção humana – na mesma carta ele a chama de "bárbara, infantil e espantosamente não científica" – é uma expressão da inferioridade primária do eu diante da superpotência do *self*, concretizada na imagem de Deus.

O tão censurado sarcasmo de Jung deve ser compreendido, a partir dessa situação da alma, como expressão de defesa contra o arquétipo que o assedia; em linguagem religiosa: contra o "Deus" que se apoderou dele. Como escreveu a um teólogo protestante (novembro de 1951): "O sarcasmo não é certamente uma bela qualidade, mas sou forçado a usar até os meios que considero repreensíveis para me libertar do Pai... O sarcasmo é o meio pelo qual escondemos de nós mesmos nossas mágoas, e

---

[12] Id., p. 225.

com isso o senhor pode ver o quanto o conhecimento de Deus me feriu, e o quanto eu teria preferido continuar uma criança sob a proteção do Pai..."

A opinião comum sobre *Resposta a Jó* é que ele é um questionamento apaixonado e implacável do Deus do Velho Testamento, mas, considerado psicologicamente, trata-se do questionamento da imagem numinosa do arquétipo do *self* e sua "realidade esmagadora".[13] A experiência subjetiva não discrimina e é incapaz de discriminação. O que conta subjetivamente é a emoção, e não a diferenciação e a classificação do que nos emociona. Para Jung, naturalmente, a "realidade esmagadora" se tornou uma oportunidade para reflexão objetiva, assim como para pesquisa histórica e psicológica. O sentimento e a consciência científica, nesse questionamento, confrontam-se com o conteúdo numinoso do substrato psíquico.

Oscilando entre sentimento e pensamento, paixão religiosa e objetividade científica, *Resposta a Jó* é o mais dinâmico dos livros de Jung. O fator pessoal é o que mais ressalta; o livro é um testemunho religioso e humano. Jung evitou a confrontação durante anos. Ela tem uma longa pré-história que pode ser seguida claramente nos seus escritos anteriores. Foi preciso, como ele próprio admitiu, uma doença grave para quebrar-lhe a resistência. Durante a doença, surgiram à superfície, agora

---

[13] C. G. Jung, *Antwort an Martin Buber* [Resposta a Martin Buber), Ob. Compl., vol. XI, p. 660.

irresistíveis, os conteúdos do inconsciente de que ele estava "impregnado". Mal restabelecido, trabalhou sobre eles e escreveu o livro num único esboço. "Se é que se pode pegar o espírito pelo cangote, foi o modo pelo qual este livro nasceu", diz ele numa carta (julho de 1951).

O SOFRIMENTO DO MUNDO

Resposta a Jó, contudo, não está suficientemente explicado se o tomamos apenas como um questionamento pessoal ou uma confissão de fé. Pois o *self* não é somente uma grandeza individual, é um arquétipo válido coletivamente, e o mesmo ocorre com a sua manifestação como imagem de Deus. Portanto, o interesse de Jung por ele também não era meramente pessoal, nem mesmo histórico, mas se dirigia igualmente à situação espiritual do homem moderno. "Experimentamos coisas tão inauditas e tão desconcertantes, que questionar se essas coisas são de algum modo conciliáveis com a ideia de um Deus bom tornou-se um tema palpitante. Não é mais um problema para peritos em teologia, mas um tormento religioso universal, para cujo tratamento até um leigo em teologia como eu deve, ou talvez até precise, contribuir com sua palavra."[14] Deixa-se para trás o elemento autobiográfico, e é, antes de tudo, a partir desses dados que se deve compreender *Resposta a Jó*.

---

[14] C. G. Jung, *Antwort auf Hiob* [Resposta a Jó], Ob. Compl., vol. XI, p. 486.

"Como pode Deus permitir essas coisas?" e "Ainda existe um Deus?" São essas as perguntas desesperadas, oriundas do sofrimento que se abateu sobre os homens. O silêncio da resignação, o desgosto com a religião, o niilismo político e filosófico, o cinismo, a indiferença e o vazio são as reações do homem atingido. Ninguém pode censurá-las, embora elas não respondam às questões primárias. Encontra-se, porém, na psique, uma imagem arquetípica da "realidade esmagadora", que contém a resposta. É a imagem de Deus com seu "terrível aspecto duplo". Ao ser colocado diante dessa imagem, que incluiu também o mal como um *tremendum*, tem validade um "novo evangelho", que, ao contrário do temporal, Jung chama de eterno: "pode-se amar a Deus e deve-se temê-lo".[15] Quando o temor do Deus do Velho Testamento reaparecer ao lado do amor prometido no Novo, não precisaremos mais nos horrorizar diante das atrocidades que a vida e o destino prepararam, e provavelmente ainda prepararão, para nós. Os abismos e glórias da vida, o bem e o mal, são evidências de uma realidade transcendental e inconcebível, embora experimentemos seus efeitos em toda a sua intensidade e tenhamos sua imagem gravada na alma. Em sentido e em linguagem psicológica, trata-se do *self*, sinônimo da divindade, que se

---

[15] Id., p. 484. O trecho diz na íntegra: "Deus possui um terrível aspecto duplo: um oceano de graça toca um lago de fogo ardente, e a luz do amor resplandece sobre uma brasa escura, da qual se diz: *ardet non lucet* — arde, mas não dá luz. Este é o evangelho eterno (distinto do temporal): *pode-se amar a Deus e deve-se temê-lo.*"

representa, na fragmentação individual, como a totalidade da natureza e da vida, e "organiza" as experiências antagônicas desta. São realizações da natureza paradoxal do *self*.

Contudo, mesmo o "novo evangelho" e a visão interna do *self* não eliminarão o sofrimento e a miséria do mundo; pois o mal é um mistério da Criação que perdurará enquanto houver vida. Não há nenhuma "banalidade do mal" (Hannah Arendt); mas no ápice do tormento, mesmo quando a vida está obscurecida pelo sofrimento, pelo horror e por toda a perversidade, ela ainda indica algo além de si mesma. Além da consciência e na sua própria fonte, a imagem de Deus aparece em seu "terrível aspecto duplo". A possibilidade de transcendência, de reunir a escuridão da vida com sua origem numinosa, mesmo ao preço de ser esmagado pelo *tremendum*, pode ser o começo da libertação interior. Jó encontrou um significado na trágica ruína de sua vida, e com ele a paz e a redenção, quando Deus se revelou em toda a sua gigantesca antinomia. Quando deixará de haver homens como Jó – o homem testado por Deus através do sofrimento e do mal?

Jean Améry, escritor judeu e membro da Resistência belga, que passou dois anos em campos de concentração, inclusive Auschwitz, onde foi torturado, faz um relato da "tentativa de domínio de um dominado",[16] uma experiência por que nunca

---

[16] Jean Améry, *Jenseits von Schuld und Sühne* [Além da culpa e da expiação. As tentativas de domínio de um dominado]. Munique, 1966.

esperava passar: nas situações-limites de extremo sofrimento, o espírito que o mantivera vivo, e com o qual contava, transformara-se em algo totalmente irreal. Fracassara diante da realidade. Para ele e outros intelectuais do campo, em face dos horrores que viviam, o "inventário filosófico" perdeu seu encanto bem como seus sentimentos estéticos e artísticos reduziram-se a nada, todos os interesses espirituais deram lugar a uma completa indiferença. Que significado poderiam ter seus poemas favoritos de Hölderlin no meio da terrível realidade de Auschwitz? O espírito, o espírito do filósofo e intelectual refinado, perdeu repentinamente sua qualidade mais fundamental, o poder de transcendência.

Mas com a fé era diferente. Quando era uma fé genuína, permanecia. Os crentes possuíam algo que os guiava através de todo o sofrimento; eram capazes de transcender a si mesmos e à realidade, sem se levar em conta se se tratava de uma crença religiosa ou metafísica, ou de uma imanente, ou seja, de um partido político. Na experiência de Améry, a fé viva não era destruída, mesmo na miséria extrema. Pelo contrário, o crente "pertence a um *continuum* espiritual que não é interrompido em nenhum lugar, nem mesmo em Auschwitz".[17]

Sabemos hoje de outros exemplos: o bravo protestante Dietrich Bonhoeffer, morto num campo de concentração, e os internos católicos que celebraram a missa em meio a dificuldades inimagináveis

---

[17] Id., p. 29.

da vida no campo. Acima de tudo, conhecemos os religiosos judeus, incontáveis, que entoavam as orações no campo e, torturados por violenta fome, ainda faziam jejum no Dia da Expiação, e iam para a morte nas câmaras de gás cantando "Ouve, ó Israel".

Améry, intelectual e agnóstico confesso, mesmo no sofrimento não conseguiu encontrar nenhuma fé, embora tivesse diante dos olhos uma imagem comovente de sua indestrutibilidade e resistência. A razão para a sua incapacidade: "Toda conversa sobre a inesgotável bondade de Deus parecia-me um escândalo."[18]

Em primeiro lugar, Jung não escreveu para crentes, os *beati possidentes* como os chamava, os felizes possuidores de uma verdade permanente. Ele se dirigia aos que eram incapazes de crer, mas queriam saber e reconhecer, mesmo que o conhecimento, por sua própria natureza, tivesse que parar numa fronteira. Por ter reconhecido o esplendor e a obscuridade do numinoso, a inesgotável bondade de Deus e o fogo divino de destruição como aspectos antinômicos de um único todo, e ter tido a coragem de mostrar o caráter paradoxal do *self* e das imagens de Deus, fazendo-nos cônscios da existência complementar de um espírito ctônico escuro ao lado do espírito da luz, atraiu sobre si críticas veementes. Mas houve também numerosas reações positivas. Ao contrário das outras, essas reações vieram geralmente de pessoas que não pertenciam a nenhum credo, porque não podiam

---

[18] Id., p. 31.

acreditar, ou já não podiam mais acreditar, de jovens e "do homem comum". Eram estas últimas que mais lhe agradavam.

Apesar de, ou talvez devido à ambivalência da imagem de Deus, Jung deixou em aberto a questão do significado ou falta de significado. A intensidade e imensurabilidade do mal prepararam-no, como dissemos no começo, para confessar na velhice: "Acalento a esperança ansiosa de que o significado prepondere e vença a batalha". Neste ponto, a certeza de saber chegou ao limite.

Capítulo 9

A "INDIVIDUAÇÃO DA HUMANIDADE"

A IMAGEM DIVINA DO ESPÍRITO SANTO

Sendo único e individual, o *self* se manifesta e desenvolve através da individuação do homem considerado individualmente. Mas o *self* também é universal e eterno, e sob esse aspecto se manifesta e desenvolve num processo que só podemos chamar de "individuação da humanidade". Esse processo coletivo apresenta-se sob a forma de um desenvolvimento e diferenciação gradativos da consciência humana através dos milênios. O drama desse desenvolvimento começou nas névoas escuras da Antiguidade e continua ao longo dos séculos e do presente em direção a um futuro remoto e imprevisível.[1] Por mais distante que remontem, os relatos históricos são acompanhados por uma concepção continuamente cambiante de Deus ou da imagem de Deus: "No começo, os deuses viveram com poder e beleza sobre-humanos, no topo das montanhas cobertas de neve, ou na escuridão das cavernas, bosques e mares. Mais tarde, reuniram-se em um só deus, e então esse deus tornou-se homem."[2] Jung estudou mais particularmente o processo coletivo na fase da transformação da imagem de Deus judaica na cristã e no modo como isso se desenvolveu na Trindade, pois o "processo interno da Divindade", tal como retratado na Bíblia e no dogma, é de suprema relevância para a psique do homem moderno.[3]

---

[1] Ver C. G. Jung, *Psychologie und Alchemie* [Psicologia e alquimia], Ob. Compl., vol. XII, p. 542.

[2] C. G. Jung, *Psychologie und Religion* [Psicologia e religião], Ob. Compl., vol. XI, p. 91. A admissão moderna de um "monoteísmo original" não tem nenhuma relevância neste contexto.

[3] Ver C. G. Jung, *Die Psychologie der Übertragung* [A psicologia da transferência], Ob. Compl., vol. XVI, p. 208: "Realmente, as suas verdades (das religiões) devem, com mais direito do que nos damos conta, denominarem-se 'eternas', mas sua roupagem temporal deve pagar tributo à perecibilidade; elas *deveriam* levar em conta as mudanças psíquicas. A verdade eterna precisa de uma linguagem humana que se transforme junto com o espírito dos tempos. As imagens primordiais são capazes de transformações infinitas e, no entanto, permanecem sempre as mesmas; só numa forma nova, porém, podem ser compreendidas outra vez. Exigem sempre uma nova interpretação..." Para Goethe, "Deus está no que cresce e se transforma, mas não no já realizado e cristalizado". [Conversações com Eckermann].

A individuação do homem tomado como indivíduo não se realiza separadamente da individuação coletiva, mas na verdade o espírito do tempo se realiza no indivíduo, e a imagem de Deus, específica de uma época, está constelada no inconsciente dele como uma imagem da totalidade. Essa imagem da totalidade (ou imagem de Deus) apresenta-se diferentemente na alma do judeu do Velho Testamento, no cristão primitivo, no homem medieval e no homem atual.[4] Para antecipar: Jung reconheceu que a imagem do *self* que está constelada e se realiza na alma do homem moderno, corresponde à imagem divina do Espírito Santo, ao desenvolvimento último da concepção cristã de Deus. Baseou essa afirmação na sua interpretação dos escritos e dogmas bíblicos que, para ele, "contêm um conhecimento insuperável dos segredos da alma, representados em grandes imagens simbólicas".[5]

Neste caso, Jung seguiu novamente o caminho uma vez tomado de distinguir "imagem verbal de objeto". Essa é a sua premissa epistemológica e filosófica. Como vimos, ela o levou a

---

[4] Rigorosamente, homem atual refere-se àqueles que, em qualquer período, vivem num "hoje" espiritual. Há, também, em qualquer época, modos de viver válidos que pertencem ao passado: mesmo nos dias atuais, existe o modo de vida do homem medieval, o do racionalista do século XVIII, o do romântico do século XIX etc.

[5] C. G. Jung, *Die Psychologie der Übertragung* [A psicologia da transferência], Ob. Compl., vol. XVI, p. 205. Para a casuística pessoal da imagem de Deus constelada no inconsciente de um homem moderno, ver particularmente o primeiro ensaio em *Psicologia e religião*, de Jung, Ob. Compl., vol. XI.

distinguir o próprio Deus (o objeto incognoscível) da imagem de Deus cognoscível (a imagem verbal religiosa),[6] assim como, na psicologia, fez a distinção conceitual correspondente entre o arquétipo irrepresentável do *self* e suas concretizações em imagens arquetípicas. A insondabilidade de Deus e a insondabilidade do *self* explicam a sinonímia (não a identidade) dos dois conceitos.

Tendo em mente essas correlações, a interação de consciência e *self*, ou de homem e *self*, discutida anteriormente – por um lado sua autonomia e liberdade, por outro, sua limitação pela dependência mútua – pode também ser formulada como a relação entre o homem e Deus. Não seria então o caso de que o "eu surge do *self*"; ou o "self emerge na consciência em busca de realização", mas teríamos que dizer que "Deus cria o homem", ou "Deus busca o homem e se desenvolve pela discussão com a sua criatura". De modo contrário, não poderíamos dizer que o "self é reconhecível e criado pela consciência que o reconheceu e se aprofunda através desse reconhecimento", mas sim que "Deus é revelável pelo homem", ou "a consciência do homem se transforma e se amplia pela discussão com Deus". Enfatizemos uma vez mais que uma abordagem psicológica não pode jamais se abster inteiramente de voltar às imagens verbais religiosas originais. Os conteúdos

---

[6] O matemático A. Speiser concorda com Jung: "Acima de tudo, devemos nos resguardar de acreditar que compreendemos 'Deus' com a palavra 'Trindade'. Pelo contrário, é simplesmente uma questão de qual seja, na nossa maneira de pensar, o modo mais correto de falar de Deus, ou melhor, de nomeá-lo". In: *Platonische Lehre vom Unbekannten Gott* [A doutrina platônica do Deus desconhecido], Anuário de Eranos, 1940-41, p. 23.

arquetípicos que surgem do inconsciente têm um valor emocional, uma numinosidade que não deve ser perdida, mas que deve ser constantemente trazida de novo à memória. Só então a realidade da psique revela a sua profundidade.

No desenvolvimento secular da imagem de Deus judeu-cristã, cujo início Jung remonta ao Livro de Jó, trata-se da relação recíproca entre o homem e Deus (psicologicamente: entre a consciência e o *self*). Jó se tornou consciente dos antagonismos em Deus – em outras palavras, da antinomia da imagem de Deus – e dessa compreensão cresceu nele um homem, uma superioridade perante o numinoso. Tal transposição de valores sem precedente resultou numa transformação da imagem sob a qual o *numinoso* apareceu: o próprio Deus se torna homem. Ou, como declarou Jung, a encarnação de Deus é a resposta a Jó.[7]

Nesse contexto, a "encarnação" é um símbolo da conscientização; o *self* penetra mais profundamente na consciência ampliada, realiza-se de maneira nova, e começa na história uma nova era. "A decisão de Jeová de se tornar homem é um símbolo do desenvolvimento que tem de sobrevir quando o homem se torna consciente da espécie de imagem de Deus com que se defronta."[8]

---

[7] Embora constante e incompreensivelmente mal-entendido, não é o livro de Jung que dá a resposta a Jó. Para os estágios intermediários na transformação da imagem de Deus, como documentaram Ezequiel, Daniel e Enoque, ver referência no livro de Jung.

[8] C. G. Jung, *Antwort auf Hiob* [Resposta a Jó], p. 148, Ob. Compl., vol. XI, p. 489.

Esta transformação da relação do homem com Deus, ou da consciência com o *self*, baseia-se psicologicamente no equilíbrio de um potencial energético continuamente em mudança entre essas duas grandezas ligadas inseparavelmente. Num momento, o *self* penetra poderosamente na consciência e obriga, devido à sua dinâmica, a transformação e ampliação dela; noutro, a consciência se transforma e, graças ao seu poder de cognição, penetra mais profundamente no que antes era inconsciente. Em ambos os casos, o homem se transforma e transforma-se a imagem de Deus. No entanto, nunca se pode determinar com certeza o que veio primeiro e o que foi resultado. No caso de Jó, não se pode deixar de admitir que o processo se tenha iniciado no inconsciente, no *self*, e que, em linguagem religiosa, Deus, guiado por um secreto anseio de conscientização, buscasse esse encontro com o homem Jó.

É extraordinariamente difícil, senão impossível, para um homem ancorado na sua fé e na sua religião, repensar os conceitos religiosos válidos desde a Antiguidade ("Deus", "Cristo", "Espírito Santo" etc.) como imagens verbais que, embora aludindo a seu conteúdo transcendental, não deviam ser confundidas com ele; pois a fé e a psicologia científica abordam seus objetos de maneiras diametralmente opostas. Parecem encontrar-se apenas na relação psicológica e simbólica do Cristo com o *self*, porque desde São Paulo a concepção do "Cristo interior", ou do "Cristo em mim", encontrou seu lugar no pensamento cristão, resultando daí tornarmo-nos mais conscientes também do seu aspecto psicológico e arquetípico correspondente. O que parece mais estranho é a abordagem psicológica do Espírito Santo, mesmo quando este não é compreendido expressamente como uma energia metafísica, mas como uma imagem verbal. É possível que o sentimento de estranheza derive não só da descoberta do seu substrato arquetípico, como também da dificuldade de compreender a terceira pessoa da Trindade e seu mistério; acrescente-se que o papel representado pelo Espírito Santo no pensamento cristão é muito inferior ao do Deus Pai e do Deus Filho.

Jung atribuiu importância especial ao simbolismo do Espírito Santo, porque viu nele um ponto de partida para o desenvolvimento e reativação do mito cristão, do qual se ouve falar hoje cada vez menos. "Nosso mito se tornou mudo, e o cristianismo adormeceu e perdeu a oportunidade de continuar a desenvolver seu mito através dos séculos."[9] Esse protesto de Jung está espalhado por toda parte em sua obra, já que ele verificou, na qualidade de médico, como a perda do mito afetava gravemente a alma.[10]

O simbolismo do Espírito Santo é importante para o desenvolvimento futuro do cristianismo e para a perspectiva psicológica,

---

[9] *Erinnerungen von C. G. Jung* [Memórias de Jung] , p. 334.

[10] O fato de Jung usar a palavra "mito" para a história redentora cristã não implica nenhuma depreciação de sua realidade numinosa, mas se constitui, principalmente, no que Thomas Mann denomina a "roupagem do mistério". De acordo com Tillich, o religioso só pode expressar-se pelo "símbolo e pelos complexos de símbolos que, ligados numa unidade, chamamos mitos". *Symbol und Wirklichkeit* [Símbolo e realidade], Stuttgart, p. 3.

porque atrai o homem empírico para a ocorrência interior de Deus. Cristo prometeu enviar o Espírito Santo a seus discípulos como o Paracleto (Conselheiro), depois de sua morte; porém não só a eles, "mas também aos outros seres humanos, para que produza neles e faça surgir obras da filiação de Deus".[11] Jung considerou acontecimento simbólico da máxima importância o fato de os apóstolos, que eram mortais, e depois deles, também a espécie humana, que é criatura e carregada de culpas, tornarem-se suportes do Espírito Santo, que é, por definição, um espírito consubstancial com Deus. Cristo foi o primeiro homem em quem Deus encarnou, mas Cristo era mais divino que humano, foi gerado pelo Espírito Santo, era consubstancial com o Pai e permaneceu sem pecado. Pela promessa e pela entrada do Espírito Santo no homem comum, cria-se um novo e mais estreito relacionamento entre Deus e sua criatura. Jung fala de uma "encarnação contínua" e deduz: "Deus queria e quer se tornar homem", então, agora e no futuro.

Na imagem arquetípica de "Deus no homem", o simbolismo do *self* (a individuação) e o simbolismo do Espírito Santo se tocam, pois a nova encarnação de Deus, a entrada do Espírito

---

[11] C. G. Jung, *Psychol. Deutung des Trinitätsdogmas* [Interpretação psicológica do dogma da Trindade], Ob. Compl., vol. XI, p. 174. Ver também: *Erinnerungen von C. G. Jung* [Memórias de Jung], p. 335: "A continuação do desenvolvimento do mito pode bem ter tido início com a descida do Espírito Santo sobre os Apóstolos, pelo qual foram feitos filhos de Deus; e não só eles, mas todos os outros que, através e depois deles, receberam a *filiatio*, a filiação de Deus..."

Santo no homem, corresponde (se Deus e o *self* são sinônimos) à "entrada" do *self* e sua realização no indivíduo. A conscientização no homem é, em linguagem metafísica, "parte do divino processo da vida",[12] e o Espírito Santo deve ser compreendido como a "atualização do *self* no homem".[13]

Em Cristo, Deus encarnou seu lado bom. Daí os opostos primários, bem e mal, permanecerem irreconciliáveis no mito cristão: o mal não encarnado confronta Cristo na figura de Satã, o adversário eterno.[14] A razão dessa "encarnação parcial" encontra-se na imensidade do *self*, que só pode ser assimilado gradualmente na consciência e nunca em sua totalidade. Além disso, a enorme força de inércia opõe-se ao desejo de transformação e de uma consciência maior. Passa-se o mesmo na vida individual: todo aquele que luta por sua individuação e conscientização é confrontado no

---

[12] C. G. Jung, *Psychol. Deutung des Trinitätsdogmas* [Intepretação psicológica do dogma da Trindade], Ob. Compl., vol. XI, p. 175.

[13] Id., p. 211.

[14] Em *Aion*, Jung mostra que mesmo no cristianismo foram feitas tentativas secretas de unir Cristo e o Diabo, ou Deus e o Diabo. No começo do segundo milênio, formaram-se numerosas seitas heréticas que incluíam o Diabo em seus ensinamentos, frequentemente como o "irmão sombrio de Cristo". Também o "espírito de Mercúrio" alquímico é um símbolo desse poder sombrio que se achava excluído do dogma cristão, embora, para os alquimistas, permanecesse ligado às ideias cristãs. Além disso, há mitos e histórias populares em que o mesmo poder e eternidade são atribuídos ao Diabo, assim como a Deus, na obra da criação. Do ponto de vista gnóstico, o Diabo, sob a forma do demiurgo, era o único criador do mundo.

inconsciente por essa tendência inibidora e desaceleradora. "O inconsciente quer fluir para a consciência a fim de alcançar a luz, mas ao mesmo tempo se impede, pois desejava permanecer inconsciente; quer dizer, Deus quer se tornar homem, mas não inteiramente."[15] Ou: Deus busca o homem e se afasta dele.

O bem e o mal, a luz e a sombra são reconhecidos, durante a individuação, como aspectos do *self* transcendental. Por conseguinte, é um pré-requisito dela que a vida seja vivida plenamente bem como que o homem se torne consciente de sua culpa e de sua sombra. "*O homem culpado é apropriado, e portanto predestinado* a se tornar o lugar de nascimento da encarnação contínua, não o inocente que se mantém à distância do mundo e se recusa a pagar seu tributo à vida, pois nele o Deus sombrio não encontraria lugar."[16] Mas a escuridão da sombra só pode ser integrada, sem efeitos nocivos, se antes nos tivermos tornado suficientemente conscientes da luz: o sentido do valor próprio não pode se perder, a escuridão não pode preponderar. A "encarnação do bem" é um prelúdio necessário para que o homem se capacite a resistir ao mal. Para "assimilar o Deus escuro que também quer se tornar homem – e ao mesmo tempo suportá-lo sem perecer",[17]

---

[15] C. G. Jung, *Antwort auf Hiob* [Resposta a Jó], Ob. Compl., p. 490.

[16] Id., p. 494.

[17] Id., p. 491. O trecho diz, na íntegra: "Portanto, necessitamos de mais luz, mais bondade e força moral, e devemos purificar, tanto quanto possível, o anti-higiênico negrume; pois de outro modo não poderemos aceitar o Deus escuro que também quer se tornar homem – e ao mesmo tempo suportá-lo

as virtudes cristãs são necessárias, e também a sabedoria. Já discutimos os choques de dever a que a vida ou os antagonismos do *self* podem levar o homem.

Se o *opus* é bem-sucedido, à realização dos antagonismos e à confrontação com eles segue-se a sua reconciliação através da perspectiva e experiência do *self*, um processo constantemente repetido na individuação e que requer, de cada vez, um esforço pleno do homem. Os choques de dever dolorosos e as tensões entre obediência e desobediência, liberdade e falta de liberdade, consciente e inconsciente podem ser resolvidos na antinomia do *self* supraordenado; ele abrange o divino e o demoníaco, o criador e o destruidor, o espírito e o instinto, o mundo e a matéria; é eterno e singular, criador e criação, origem e fim. Toda superação dos antagonismos, "toda realização do 'self'", corresponde a uma experiência religiosa do Espírito Santo e sua realização no homem. Pois a imagem divina do Espírito Santo, do qual se diz que foi deixado para o homem mortal, tem igualmente uma natureza que une os opostos. É um "mudo, eterno, incomensurável Um em que o amor de Deus e o terror de Deus se fundem numa unidade sem palavras".[18]

---

sem perecer. Para tudo isso, todas as virtudes cristãs são necessárias, e algo mais além delas, pois o problema não é apenas moral; também precisamos da sabedoria que Jó buscava."

[18] C. G. Jung, *Symbolik des Geistes, Psychol. Deutung des Trinitätsdogmas* [Simbolismo do espírito, interpretação psicológica do dogma da Trindade], Ob. Compl., vol. XI, p.192.

T. S. Eliot (1888-1965) transformou a experiência paradoxal do Espírito Santo como amor de Deus e terror de Deus no tema de um de seus mais importantes poemas. E desde que uma obra de arte é sempre uma declaração a respeito dos acontecimentos marcantes de seu tempo, a imagem assombrosa no último de seus *Four Quartets* [Quatro quartetos] pode ser considerada uma confirmação do conteúdo psicológico deles: o ataque aéreo de aviões alemães a Londres e o incêndio subsequente são transmutados no mistério do fogo divino, unindo o sofrimento extremo ao amor eterno. Do holocausto ergue-se uma visão da pomba do Espírito Santo, voando para a Terra, com a chama do terror incandescente, para acender o fogo pentecostal. *Who then devised the torment?* [Quem então inventou o tormento?] Resposta: *Love* [O amor]. O amor de Deus tece a camisa flamejante e insuportável da história, impossível de ser tirada. Ao homem, porém, resta a liberdade de escolher ou a chama da danação ou a da purificação:

The only hope or else despair
Lies in the choice of pyre and pyre
To be redeemed from fire by fire. *

Hans E. Holthusen chama os versos de Eliot um "paradoxo esmagador, estonteante, oriundo das profundezas da sabedoria cristã".[19]

---

* Em inglês no original. [A única esperança ou desespero// Está na escolha de pira e pira// Redimir-se do fogo pelo fogo.] (N. do T.)

[19] Hans E. Holthusen, *Der unbehauste Mensch* [O homem não habitado], Munique, 1964, p. 50. Paradoxos igualmente ousados aparecem nas descrições

SUPERAÇÃO DOS ANTAGONISMOS NA IMAGEM DE DEUS

A meta da individuação é a síntese dos opostos no *self*, uma vez que se tornaram conscientes. Mais precisamente, esta é a meta da individuação para o homem moderno. Pois "na experiência do *self* não são mais os opostos 'Deus' e 'homem' que são superados, mas principalmente os antagonismos dentro da própria imagem de Deus".[20] Esse processo de superação ou reconciliação não pode ocorrer sem que a consciência atue. O homem aqui é desafiado para uma tarefa que transcende a ele e, no entanto, o determina profundamente. "O *mysterium coniunctionis* é o que diz respeito ao homem" (Carta de janeiro de 1952).

Do ponto de vista psicológico, o monoteísmo cristão só começaria a se tornar realidade pela superação dos antagonismos na imagem de Deus. Em linguagem figurada, só depois disso, Satã, o adversário, não estaria mais excluído da Trindade, mas se uniria a ela em "união sem palavras" para formar uma imagem quaternária de Deus. Nesse sentido que une bem e mal, as imagens monoteístas de Deus também são conhecidas na esfera da

---

alquímicas do espírito Mercurius, que é ao mesmo tempo diabo e salvador indicando o caminho. Como "ignis mercurialis" (fogo mercurial), também é o *fogo do inferno*, em que "*o próprio Deus arde em divino amor*". De: "Gloria Mundi", in: Musaeum Hermeticum, 1678, p. 246. Ver também C. G. Jung, *Der Geist Mercurius* [O espírito mercúrio], Ob. Compl., vol. XIII, p. 229.

[20] *Erinnerungen von C. G. Jung* [Memórias de Jung], p. 341.

religião judaico-cristã. Já mencionamos a imagem de Deus de Jacob Böhme, Jung recorreu principalmente ao Livro de Jó e, dentro do próprio cristianismo, além de Böhme e Nicolau de Cusa (1401-64),[21] ao bispo Clemente da igreja de Roma.[22] que ensinava que Deus rege o mundo com a mão direita e com a mão esquerda. A mão direita é Cristo, a esquerda, Satã. "O ponto de vista de Clemente é raramente monoteísta", diz Jung, "pois une os opostos em um só Deus."[23]

É impossível distinguir se foi a consciência humana mais aprofundada que proporcionou o ímpeto para uma nova transformação da imagem de Deus no sentido da união dos antagonismos, ou se este impulso veio do arquétipo. Nesta, como em toda transformação, consciente e inconsciente participam na mesma medida; é uma cooperação do *self* e do homem, ou, metaforicamente, de Deus e do homem. Através de seu entrecruzamento, o mito religioso aparece como a "revelação de uma vida divina no homem",[24] e a conscientização do homem "como parte

---

[21] Ver C. G. Jung, *Die Psychologie der Übertragung* [A psicologia da transferência], Ob. Compl., vol. XVI, pp. 340 e seg. Jung cita, entre outras, a obra do cardeal de Cusa, De *Docta Ignorantia*: "Além dessa coincidência de criar e ser criado estás tu, Deus." Id., p. 341, nota 30.

[22] Clemente foi o terceiro bispo de Roma (92-102), depois do apóstolo Pedro.

[23] C. G. Jung, Epílogo de *Antwort auf Hiob* [Resposta a Jó], Ob. Compl., vol. XI, p. 506.

[24] *Erinnerungen von C. G. Jung* [Memórias de Jung], p. 343.

do divino processo da vida".[25] O dinamismo com que o arquétipo do *self* abre caminho do inconsciente para a consciência e o processo de conscientização humana que responde a esse impulso – e reconhecimento e realização da totalidade – correspondem à imagem de Deus que busca o homem para nele tornar-se consciente de si mesmo e de sua criação. Que Deus precisa do homem, que ele o procura ainda, até no tormento do fogo que lhe impôs, é uma ideia que encontramos no Velho Testamento. Isaías, 48:10-11: "Eis, aqui estou eu que te tenho acrisolado, mas não como a prata: tenho-te testado na fornalha da aflição. Por amor de mim, por amor de mim *o* farei". Jung citou essa passagem numa carta de março de 1955. Mas ele limitou a probabilidade da resposta humana à exigência do Todo Poderoso, pois continuou: "A compreensão e a vontade humanas são exigidas e podem ajudar, mas não podem nunca pretender ter perscrutado as profundezas do espírito e ter apagado o fogo que grassa dentro dele. Só podemos esperar que Deus, em sua graça, não nos force a ir mais fundo e não nos deixe consumir em seu fogo". Em outras palavras, a experiência de Deus e do *self* é, como escreveu em outra carta (junho de 1955), "uma aproximação sem fim". A meta permanece oculta e inatingível.

Jung reconhece como tarefa cultural e religiosa do homem moderno, constelada pelo espírito da época, a conscientização

---

[25] C. G. Jung, *Psychol. Deutung des Trinitätsdogmas* [Interpretação psicológica do dogma da Trindade], Ob. Compl., vol. XI, p. 175.

do *self* como totalidade humana paradoxal e como imagem paradoxal de Deus. Com isso, o círculo parece estar fechado. A linha de desenvolvimento parece voltar ao estado paternal do início, quando Jó se confrontou com a imagem de Deus do bem e do mal. No entanto, ocorreu uma transformação fundamental da experiência: Jó projetou o duplo aspecto da imagem de Deus num poder divino fora do homem, enquanto a reconhecemos agora como o substrato polar da própria natureza e do próprio destino. A figura de Deus moralmente ambivalente revela-se como uma imagem do "Deus interior", o *self*. Embora Deus pareça autoevidente, permanece inapreensível e oculto, um mistério além de todas as imagens e de todas as descrições.

Capítulo 10

O HOMEM NO TRABALHO DE REDENÇÃO

O dinamismo do arquétipo levou ao fato de que, também no judaísmo, ocorreu um desenvolvimento específico da imagem de Deus.[1] Desde Jó, o judaísmo se deparou com a questão do bem e do mal, além do sentido da relação deles com a imagem de Deus. O mal nunca esteve, no entanto, tão separado dela quanto no cristianismo. Sua antinomia persistiu, emergindo ainda mais claramente ao sofrer um desenvolvimento e uma diferenciação posterior no misticismo da Cabala. Jung

---

[1] Ver a respeito G. Scholem, *Die jüdische Mystik in ihren Hauptströmungen* [As principais correntes do misticismo judaico], Zurique, 1957; e S. Hurwitz, *Die Gestalt des sterbenden Messias* [A figura do Messias moribundo], in: Ensaios do Instituto C. G. Jung, Zurique, vol. VIII, 1958.

suspeitava até de que a decisão inequívoca da mensagem cristã a favor da bondade de Deus não tivesse satisfeito os judeus conservadores dos primórdios do cristianismo e, por isso, eles tivessem rejeitado o evangelho.[2]

O papel do homem no mito do evento divino – ponto central de qualquer interpretação psicológica das afirmações religiosas – foi representado de modo especial na Cabala de Isaac Luria (1534-72). Este descreve em grandes imagens místicas o divino processo da vida, em que o homem deve colaborar e auxiliar com todas as suas energias.[3] Na obra de redenção do mundo, o homem é indispensável. Segundo o relato de Scholem, o curso dramático dos acontecimentos seria, em resumo, o seguinte:

"Quando a luz divina se derramou no espaço primordial criado por Deus ou deixado livre por ele, foram feitos recipientes para captar e conservar as diversas luzes, mas eles se revelaram fracos demais para segurá-los. Estouraram e se despedaçaram. Esse rompimento deu origem aos diabólicos mundos antagônicos do mal. Desde então, tudo que existe está interiormente fraturado e carrega essa mácula no seu interior. A redenção – meta secreta de todo desenvolvimento – consiste na restauração do estado original, anterior ao rompimento, processo que pode ser

---

[2] Ver C. G. Jung, *Aion*, Ob. Compl., vol. IX, 2ª edição, p. 68; e S. Hurwitz, *Die Gestalt des sterbenden Messias*, p. 224.

[3] Ver G. Scholem, *Die jüdische Mystik in ihren Hauptströmungen*, especialmente o capítulo "Isaac Luria e sua Escola", pp. 267-314. Luria ensinou em Safed, Alta Galileia. Scholem o chama de "figura central da Cabala recente".

concebido também como o aperfeiçoamento de Deus. A restituição de todas as coisas ao seu estado verdadeiro requer "não apenas um impulso a partir de Deus, mas também um impulso que venha de Suas criaturas".[4] O homem colabora no evento cósmico divino quando, em cada um de seus atos, dirige seu propósito interior para a restauração da unidade original; mesmo sua meditação mística na oração – uma descida aos mais profundos recessos da alma[5] – contribui para *unificar* o nome de Deus".[6]

No campo psicológico, a cooperação do homem na transformação e unificação de Deus bem como no aperfeiçoamento da Criação corresponde ao papel da consciência no desenvolvimento secular da imagem judaico-cristã de Deus. Também aqui o fim ou a meta é a "restauração da fratura", isto é, a reconciliação ou superação dos antagonismos na imagem de Deus, induzida pela consciência. Originalmente, os opostos constituíam uma unidade, mesmo que inconsciente. Mas, dentro do cristianismo, com a crescente diferenciação da consciência, eles se separaram como os lados luminoso e sombrio de Deus – Cristo e Satanás – até que, no ponto presente do processo, num novo nível de desenvolvimento, unam-se no símbolo do Espírito Santo, ou de uma imagem quaternária de Deus, ou, psicologicamente, no *self*. Isso não pode ser feito sem o esforço do homem: "Deus é uma *contradiction in adiecto*; necessita,

---

[4] Id., p. 303.

[5] Id., p. 303.

[6] Id., p. 301.

portanto, do homem para tornar-se uno. Deus é um sofrimento que o homem deveria curar". (Carta de janeiro de 1952.)

A participação do homem na obra de redenção, representada por Isaac Luria, teve a mais alta significação para Jung. Na verdade, ele a considerou como a superioridade do pensamento cabalista em relação ao cristão. Em resposta à pergunta sobre que atitude um judeu deveria tomar diante de Cristo, ele escreveu a James Kirsch (fevereiro de 1954):

"Não creio que os judeus tenham de aceitar o símbolo de Cristo. Devem apenas compreender seu significado: Cristo queria transformar Jeová num Deus moral de bondade, mas, fazendo isso, separou violentamente os antagonismos que estavam unidos nele (Deus), embora de modo desarmônico e irrefletido (queda de Satã do céu, Lucas 10:18), daí a suspensão entre opostos na crucificação. O propósito da reforma cristã (através de Jesus) era eliminar as consequências do mal moral causadas pelo protótipo divino amoral. Não se pode 'engasgar com um mosquito e engolir um camelo' (Mat. 23:24) ou 'servir a dois senhores' (Mat. 6:24) ao mesmo tempo.

"Essa diferenciação moral é um passo necessário no caminho da individuação. Sem um conhecimento profundo do bem e do mal, do eu e da sombra, não há reconhecimento do *self*; mas, na melhor das hipóteses, uma identificação involuntária, e portanto perigosa, com ele.

"O judeu tem, por trás dele, aproximadamente o mesmo desenvolvimento moral que o europeu cristão, por conseguinte tem o mesmo problema. Assim como eu, ou talvez melhor, um judeu pode reconhecer o *self* no par hostil de irmãos, Cristo e Satanás, e portanto a encarnação ou assimilação de Jeová no homem. Naturalmente a posição do homem é profundamente alterada devido a isso.

"O judeu tem a vantagem de já ter antecipado, em sua própria história espiritual, o desenvolvimento da conscientização. Com isso quero me referir ao estágio luriano da Cabala, a quebra dos recipientes e a ajuda do homem na sua restauração. Surge aqui, pela primeira vez, a ideia de que o homem deve ajudar Deus a reparar o dano forjado pela criação. Pela primeira vez se reconhece a responsabilidade cósmica do homem. Trata-se aqui, naturalmente, de uma questão do *self* e não do eu, embora este seja afetado de modo mais profundo.

"Eis a resposta que eu daria a um judeu ..."

O envolvimento psicológico do homem na realidade das afirmações e experiências religiosas reflete um ponto de vista epistemológico, corrente hoje em dia em todas as ciências. Sabemos que o homem, através da sua psique, influencia a observação do objeto; ele é um fator codeterminante do mundo fenomenal. Encontra a si mesmo em tudo que reconhece (Heisenberg); mesmo as teorias e as percepções físicas são organizadas pelas imagens arquetípicas do inconsciente, que Pauli chama "operadores". Jung aplicou às afirmações religiosas as relações que investigara entre sujeito e objeto, consciente e inconsciente, eu e *self*: a revelação se baseia em arquétipos autônomos, organizadores.

Desse modo, o homem também se encontra nas transformações numinosas da imagem de Deus. Encontra-se, porém, como o *self*, não como um eu. O mito religioso é a "revelação de uma vida divina no homem. Não somos nós que o inventamos, mas ele nos fala como a 'Palavra de Deus'".[7] Não se deve esquecer, porém, que o homem também encontra a si mesmo na psicologia, em suas leis e imagens. Jung atribuía grande importância à limitação consequente a isso. "...as concretizações físicas baseiam-se finalmente nos mesmos fundamentos arquetípicos que as especulações teológicas... Ambos são psicologia, que por sua vez também se baseia no mesmo fundamento arquetípico".[8] Esta é a base de toda cognição. É o pré-requisito de uma imagem unitária do mundo, em que o caráter irreconciliável das ciências natural e social, assim como da psicologia e da teologia, seria superado. "Há uma só realidade"; essa expressão circulava como um refrão nas conversas com Jung e com Pauli.

A conscientização do substrato psíquico não significa, como já dissemos, redução da experiência religiosa; pelo contrário, o homem é posto no meio da revelação religiosa. Sua experiência, então, não assenta apenas na fé; ele sente a realidade da imagem de Deus em sua "numinosidade irresistível".[9] Tal experiência

---

[7] *Erinnerungen von C. G. Jung* [Memórias de Jung], p. 343.

[8] C. G. Jung, Psychol. Deutung des Trinitätsdogmas [Interpretação psicológica do dogma da Trindade], Ob. Compl., vol. XI, p. 204.

[9] C. G. Jung, id., p. 163.

inspirou uma carta escrita por Jung, em janeiro de 1948, a um teólogo católico:

"Todos os dias agradeço a Deus por me haver permitido experimentar em mim a realidade da *imago Dei*. Não fosse assim, eu seria um inimigo implacável do cristianismo e em particular da Igreja. Graças a esse *actus gratiae*, minha vida tem um significado, e meu olho interior se abriu para a beleza e grandeza do dogma."[10]

Jung viu na experiência imediata do numinoso, e no aprofundamento dessa experiência através do conhecimento e da compreensão, a possibilidade de renovar a mensagem cristã e dar ao dogma da Trindade uma atualidade inteiramente nova. Na história da religião, a abordagem psicológica que ele faz do dogma é um *novum*, e isso é particularmente verdadeiro em relação a seu corolário, a inclusão do homem no processo revelatório. Era raro Jung expressar uma opinião sobre a importância de suas descobertas. Mas seu julgamento se destaca nitidamente numa carta a um jovem teólogo (agosto de 1953): "Do mesmo modo que Orígenes compreendeu as Sagradas Escrituras como o corpo do Logos, devemos também interpretar a psicologia do inconsciente como um fenômeno de assimilação. A imagem de Cristo tal como a conhecemos não apareceu certamente como resultado

---

[10] Ver também C. G. Jung, *Psychologie und Alchemie* [Psicologia e alquimia], Ob. Compl., vol. XII, p. 29: "Desse modo a psicologia faz justamente o oposto daquilo de que é acusada: proporciona possíveis abordagens para melhor compreensão dessas coisas, abre os olhos das pessoas para o significado real dos dogmas e, longe de destruir, abre uma casa vazia para novos habitantes."

da intervenção humana; foi o Cristo transcendental ('total') que criou para si mesmo um corpo novo e mais específico..." Não há necessidade de assinalar que tais palavras não são psicologismo, mas se referem aos modos mutáveis de apreender o indescritível. O ímpeto de criar o corpo "mais específico" não é dado pelo homem, mas vem do "Cristo transcendental" – em termos psicológicos, do arquétipo em sua "eterna presença".[11] Devemos acrescentar que o homem experimenta e assimila essa experiência, buscando incessantemente penetrar o insondável e dialogando com os conteúdos numinosos do inconsciente.

---

[11] C. G. Jung, *Psychologie und Alchemie* [Psicologia e alquimia], Ob. Compl., vol. XII, p. 258.

Capítulo 11

A "ÚNICA REALIDADE"

Jung sabia – e era um conhecimento pesaroso – que suas ideias sobre uma renovação do mito cristão "representavam uma carga muito grande para a consciência teológica"[1] e que hoje só em pequena medida podem se tornar realidade. Em relação a isso, como Joaquim de Fiore (1135-1202), ele falou de uma fase do Espírito Santo, que sucederia à fase do Pai no judaísmo e do Filho no cristianismo.[2] Joaquim, no entanto, era um místico

---

[1] De uma carta de outubro de 1954.

[2] Ver antes de tudo C. G. Jung, *Versuch einer psychologischen Deutung des Trinitätsdogmas* [Tentativa de uma interpretação psicológica do dogma da Trindade], Ob. Compl., vol. XI, pp. 119 e segs.; e *Aion*, Ob. Compl., vol. IX, 2ª edição, pp. 92 e segs. Também E. Benz, *Creator Spiritus. Die Geistlehre des Joachim von Fiore* [A doutrina do

para quem o Espírito Santo era uma realidade metafísica, uma força criativa divina, ao passo que Jung usou o termo como um símbolo que dá, quando muito, uma vaga ideia do seu mistério, ou como uma imagem verbal acessível ao pensamento científico. Ele viu o progresso na direção desse terceiro estágio mais particularmente na compreensão antinômica ou paradoxal das realidades físicas e psíquicas. Interpretou a frase dificilmente compreensível "pecado contra o Espírito Santo" no sentido psicológico, como a "unilateralidade do homem contra o seu melhor conhecimento".[3]

Pauli também considerou ser a "meta de superar os antagonismos, por meio de uma síntese que englobe tanto a compreensão racional como a experiência mística de unidade, o mito explícito ou tácito do nosso tempo".[4] E o poeta Gottfried Benn (1886-1956) declarou, em termos surpreendentemente semelhantes, que "a característica espiritual de nossa época" era a "integração da ambivalência", que para ele significava a "fusão de cada um e de todo

---

espírito de Joaquim de Fiore], Anuário de Eranos, 1956, Zürich, 1957, pp. 285 e segs.

[3] C. G. Jung, *Die Psychologie der Übertragung* [A psicologia da transferência], Ob. Compl., vol. XVI, p. 206.

[4] Citado segundo W. Heinsenberg, *Wolfgang Paulis Philosophische Auffassungen* [A concepção filosófica de Wolfgang Pauli], in: *Zeitschrift für Parapsychologie und Grenzgebiete der Psychologie* [Jornal de parapsicologia e ciências limítrofes da psicologia], vol. III, nº 2-3, 1960, p. 127.

conceito com seu contraconceito".[5] Deve-se ver o ponto culminante da fusão de conceito e contraconceito na "superação dos antagonismos na imagem de Deus", o que indica a correspondência psicológica entre a declaração religiosa e a atuação do Espírito Santo no homem. A isso nos referimos anteriormente.

Atualmente, essa última fase mal começou. Ela "aponta para o futuro, para uma contínua realização do espírito",[6] ou "para a atuação progressiva do Espírito Santo" que, ao mesmo tempo, preserva a vitalidade do cristianismo. Jung considerou a promulgação do dogma católico da Assunção da Virgem Maria, em 1950, como uma "realização do espírito", isto é, como o reconhecimento de um movimento popular que já existia e fora anunciado muito antes pelo inconsciente através de sonhos e visões.[7] Viu a declaração desse dogma como o acontecimento religioso mais importante desde a Reforma, sobretudo porque ele exaltou o elemento feminino perante a imagem masculina de Deus na Trindade, e o elemento corporal perante a espiritualidade desta.[8] Do ponto de vista psicológico, viu nisso a aproximação simbólica dos opostos, de "conceito e contraconceito". Apesar de todo o

---

[5] Citado segundo H. E. Holthusen, *Der unbehauste Mensch* [O homem desabitado], p. 35.

[6] C. G. Jung, *Psychol. Deutung des Trinitätsdogmas* [Interpretação psicológica do dogma da Trindade], Ob. Compl., vol. XI, p. 198.

[7] Para diferençar a interpretação psicológica do dogma da interpretação psicológica, ver *Antwort auf Hiob* [Resposta a Jó], *passim*.

[8] De acordo com o dogma, Maria subiu ao céu com seu corpo.

respeito que tinha pelo dogma, Jung não permitiu que lhe tirassem o direito de criticar construtivamente, pois isso estava em conformidade com seu espírito protestante.

A necessidade de conciliar religião e Eros, hoje amplamente reconhecida, tem íntima relação com esse contexto. Discutir tal fato é algo de decisivo, pois, durante séculos, o cristianismo combateu o poder de Eros e o condenou como pecaminoso, em consequência do que, com a emancipação crescente da Igreja, instalou-se um movimento contrário que levou, por sua vez, a uma excessiva sexualização da vida.[9] Nem então, nem agora foi feita qualquer realização do *self*, pois ele abrange os dois aspectos: espírito e corpo, Logos e Eros. Só quando for superada a alienação de Eros da esfera sagrada é que o homem poderá se desenvolver em sua totalidade e unidade.

O movimento ecumênico, igualmente, em sua tentativa de unir as várias confissões cristãs numa unidade superior, deve ser considerado, do ponto de vista psicológico, como sinal de uma tendência atual constelada para a unidade. Embora sem tomar parte ativa, Jung simpatizava com esses esforços, pois se sentia comprometido com ambas as confissões, a protestante e a católica. Sentia-se, acima de tudo, cristão. Em setembro de 1944 escreveu a um crítico católico: "Conheço pouco da doutrina da

---

[9] Ver W. Schubart, *Religion und Eros* [Religião e Eros], Munique, 1966. Na psicologia de Jung, a inter-relação de religião e Eros deve-se diretamente à numinosidade do arquétipo psicoide, Ver, antes de tudo, *Die Psychologie der Übertragung* [A psicologia da transferência], e *Mysterium Coniunctionis.*

Igreja; esse pouco, no entanto, basta para torná-la algo que não posso perder, e conheço tanto do protestantismo que jamais poderia abandoná-lo. Essa lamentável indecisão é o que o senhor, com tanta acuidade psicológica, censura como um 'complexo'. Agora, quanto a essa indecisão, devo dizer-lhe que é algo pelo qual me decidi consciente e deliberadamente. Como ninguém pode servir a dois senhores, não posso me submeter nem a um credo nem a outro, mas apenas ao *Único* que está acima do conflito. Como Cristo está eternamente sendo sacrificado, pende eternamente entre os dois ladrões. Há bons cristãos católicos e bons cristãos protestantes. Como a Igreja sofreu um cisma, devo me sentir satisfeito por ser um cristão que se encontra no mesmo conflito que o cristianismo. Não posso condenar meu irmão que, de boa fé e por motivos que não posso, em sã consciência, invalidar, tem uma opinião diferente..."[10]

Atualmente, na ciência, também se constrói uma ponte para a superação dos antagonismos. Fatos antes aparentemente incompatíveis surgem como aspectos complementares da mesma totalidade. *Contraria non contradictoria sed complementa sunt*,[11] é a frase que Niels Bohr gostava muito de citar. Wolfgang Pauli assinalou que, para nós, "o único ponto de vista aceitável (parece) ser o que reconhece, como mutuamente compatíveis, *ambos* os lados

---

[10] Ver também C. G. Jung, *Die Psychologie der Übertragung* [A psicologia da transferência], Ob. Compl., vol. XVI, pp. 206 e seg.

[11] Os opostos não se contradizem, mas se complementam.

da realidade – o quantitativo e o qualitativo, o físico e o psíquico – podendo abarcá-los simultaneamente".[12] Por isso, exigiu que, "ajustando nosso conhecimento aos objetos externos (deveríamos também) trazer à luz as imagens arquetípicas utilizadas na criação de nossos conceitos científicos".[13] Ele próprio se serviu de Johannes Kepler como exemplo do modo como a formação das teorias científicas, particularmente em física, sofre a influência das formas e estruturas arquetípicas. De maneira semelhante, as ciências sociais reconhecem hoje a influência formadora das imagens inconscientes ou "fatores metafísicos" na história, na política, na economia, nos negócios do estado etc., enquanto a biologia destaca, no seu estudo dos organismos vivos, fatores criativos semelhantes a arquétipos. Há muito tempo se conhece o fato de podermos deduzir a influência dos arquétipos inconscientes no processo da criação artística e de os sonhos arquetípicos formarem um acompanhamento contrapontístico da vida. A crescente atenção dispensada a esses fatores inconscientes, operativos, em todos os setores da vida, está trazendo à luz uma aproximação progressiva desses opostos primordiais – o mundo interno e o mundo externo.

Pauli defende um ponto de vista que reconhece a compatibilidade da física e da psicologia em particular e busca unificá-las. É também o ponto de vista da psicologia junguiana: em 1935,

---

[12] W. Pauli, *Kepler*, p. 163.

[13] Id.

C. A. Meier estabeleceu que entre a física moderna e a psicologia do inconsciente coletivo, há uma "genuína e autêntica relação de complementaridade".[14] Jung, por sua vez, falou de uma "unidade de objetivo de ambas as linhas de investigação". Uma delas penetra cautelosamente no lado desconhecido da matéria, e a outra, no lado desconhecido da psique; ele sugere que existe a probabilidade de que esses dois desconhecidos representem uma e a mesma grandeza transcendental.[15] Esse é um tema sobre o qual se realiza atualmente muita pesquisa.[16]

Na medicina, essa tendência unitária se revela de maneira especial na psicossomática, para a qual os opostos tradicionais "corpo e alma" são aspectos complementares de um só todo. Esse todo também é transcendental e, portanto, uma grandeza indescritível. Em 1926, ao focalizar a possibilidade da unidade de corpo e alma, Jung falou de "um ser vivo incognoscível" e o chamou "indistintamente de 'quintessência da vida'".[17]

---

[14] C. A. Meier, *Moderne Physik – Moderne Psychologie* [Física moderna – Psicologia moderna], in: *Experimente und Symbol* [Experimento e símbolo], Olten--Freiburg/Br., 1975, pp. 30 e segs.

[15] C. G. Jung, *Mysterium Coniunctionis*, Ob. Compl., vol. XIV, 2ª edição, p. 317.

[16] Da numerosa literatura citamos apenas o livro do físico teórico F. Capra: *Der kosmiche Reigen. Physik und östliche Mystik – ein zeitgemässes Weltbild* [A ciranda cósmica. Física e misticismo oriental – Uma imagem atual do mundo]. Trad. do inglês. Berna, Munique e Viena, 1977.

[17] C. G. Jung, *Geist und Leben* [Espírito e vida], Ob. Compl., vol. VIII, pp. 349 e segs.

Em relação à condição humana atual, a "superação dos antagonismos" é uma meta que ainda está num futuro distante. Apesar de todo o nosso conhecimento e de todo o nosso esforço em busca da unidade, o mundo padece de dicotomia ideológica; a ciência, de fragmentação; e o homem, da dissociação de sua alma. É esse o sofrimento que a psicologia junguiana, em seu aspecto prático, procura curar ou pelo menos amenizar. Ela encoraja o homem a tornar-se consciente dos antagonismos dentro de si, e a superá-los e reconciliá-los numa síntese: no processo da individuação, ela promove o desenvolvimento de uma unidade interior correspondente a uma imagem de Deus antinômica ou paradoxal.

Jung acrescentou uma nova dimensão ao ponto de vista unitário do mundo, que hoje está sendo encarado como necessário. Ele deu um passo à frente da pesquisa moderna; embora esta reconheça corpo e alma, ou matéria e espírito, como aspectos da mesma realidade, ele considerou ser indispensável no quadro total o elemento religioso. As ciências naturais e espirituais foram confrontadas com a realidade de um substrato irrepresentável, um "abismo de mistério", que exerce uma influência formadora sobre os acontecimentos do mundo e os processos da vida, assim como sobre as criações do espírito humano. Compreendeu também que todas as afirmações, revelações e dogmas religiosos tinham que ser compreendidos como "padrões ordenados" daquele substrato paradoxal ilimitado que chamou *inconsciente coletivo*. Por conseguinte, eles não podem ser pesquisados e interpretados, explicados e compreendidos, e, como tudo mais que o substrato criativo produz, fazem parte da realidade unitária do mundo empírico. Para Jung, era da mais profunda importância que essa incorporação dos conteúdos religiosos deixasse ainda inviolado o segredo real da religião, sua origem metafísica.

O fato de Jung ter transposto desse modo o abismo entre ciência e religião, de ter criado uma base para a imagem de um mundo unitário, de que as verdades religiosas, até então excluídas como objeto de fé, constituem parte integrante, pode muito bem ser considerado a contribuição mais importante que fez para a história do espírito. Só essa visão unitária do mundo pode ajudar a curar o sofrimento humano, pois o homem tem necessidade de uma religião viva. E onde não se pode mais encontrar o acesso à fé genuína, abre-se agora um caminho que nos conduz através da experiência e do conhecimento.

Capítulo 12

O INDIVÍDUO

Jung desvendou e interpretou o que está fermentando no inconsciente do homem moderno e o que deve ser dito para amenizar seu sofrimento. Disso faz parte, acima de tudo, a individuação do homem tomado como indivíduo, com sua concomitante experiência da realidade religiosa. Sendo a mais subjetiva e íntima de todas, essa experiência não se restringe à vida pessoal, mas cumpre uma função na vida coletiva; ela se coloca contra a torrente de ameaçadora massificação atual. "Com seus próprios recursos, o indivíduo que não está ancorado em Deus não pode oferecer resistência às pressões físicas e morais do mundo. Para isso precisa da evidência de uma experiência interior transcendente; só ela pode protegê-lo da submersão na massa, do contrário inevitável."[1] De importância coletiva é também o fato de a conscientização nos forçar a afastar a projeção sobre os outros daquilo de que somos inconscientes – geralmente nosso próprio lado sombrio – estabelecendo assim uma sólida base de relacionamento na vida do indivíduo e da comunidade, do mesmo modo que na vida dos povos.

Contudo, embora bastante evidente e discutido em todos os aspectos o perigo de submersão na massa, pouca atenção é dada ao outro perigo, mais sutil, o da identificação do eu com os conteúdos do inconsciente – o perigo da inflação. Hoje, a identificação do eu com o arquétipo do "Grande Homem" (o *self*), uma verdadeira mania de "super-homem", é um perigo maior do que nunca, pois ao homem foi dado um poder sobre-humano. Ele possui armas que podem destruir toda a vida na Terra e lança-se agora à conquista do espaço. Em nome da tecnologia e do progresso, ele destrói o equilíbrio da natureza no mundo das águas, dos animais e das plantas, e já existem esquemas para produzir tipos humanos que nos agradem, mediante alterações da estrutura genética. A disseminação universal do complexo de poder industrial militar, com seus diabólicos planos para o futuro, é impelida com gigantesca veemência. Penetrando cada vez mais profundamente nos segredos do mundo, a pesquisa tecnológica, enquanto permite que os resultados sejam explorados com fins

---

[1] C. G. Jung, *Gegenwart und Zukunft* [Presente e futuro], Ob. Compl., vol. X, p. 282.

de poder, não pode ser reprimida, embora isso tenha sido exigido mais de uma vez. Ela brota de um ímpeto espiritual irresistível, privilégio da espécie humana, embora dirigido quase exclusivamente para a exploração e conquista do mundo exterior. Como é menosprezada a elucidação correspondente do mundo interior por meio do aprofundamento da consciência e do autoconhecimento, o equilíbrio entre os dois tem sido fatalmente perturbado. Os perigos do desencadeamento de um cataclisma mundial avultam ameaçadoramente no horizonte, e o medo tornou-se um sintoma cada vez mais difundido. Com todo esse bem-estar e capacidade bem como todo esse desenvolvimento de poder, o homem se sente exposto e perseguido.

Para restaurar o equilíbrio e se proteger contra a inflação e a "mania de super-homem", a psicologia analítica mostra o caminho não aparatoso do indivíduo na individuação. É um caminho duro; aos olhos céticos de Jung é muito mais difícil palmilhá-lo e encontrar a si mesmo do que alcançar Marte! No entanto, mais do que nunca depende da individualidade consciente, pois as mudanças históricas e políticas são apresentadas não só como acontecimentos coletivos, mas têm sua origem no indivíduo. "Todo o futuro e toda a história do mundo brotam fundamentalmente, como uma enorme resultante, dessas fontes ocultas nos indivíduos. Em nossas vidas mais privadas e mais subjetivas, somos não só as testemunhas passivas de nossa época — e seus sofredores, mas também seus autores! O nosso tempo somos nós!"[2] Sem o indivíduo, não há comunidade e, sem comunidade, mesmo o indivíduo livre e seguro de si, não pode prosperar ao longo do tempo.[3] Mas o homem inconsciente, que nada sabe do seu destino e da sua obrigação de cumpri-lo, corre o risco de perder na massa sua personalidade. Como uma partícula na massa, é incapaz de confiar em si e não tem nenhum senso de responsabilidade individual, do que temos exemplos espantosos não apenas no passado como no presente.

O indivíduo é a fonte da mudança histórica e o veículo da vida social, assim como o portador e o realizador das transformações religiosas. Ele é o realizador da vida. As coletividades, na esfera biológica, social e política, são constituídas de indivíduos; são eles que dão forma a elas, e "só no indivíduo a vida pode cumprir seu significado".[4] Por isso, os interesses psicoterapêuticos e

---

[2] C. G. Jung, *Bedeutung d. Psychologie f. d. Gegenwart* [O significado da psicologia para a época atual], Ob. Compl., vol. X, p. 173. *Aufsätze zur Zeitgeschichte* [Ensaio sobre a História Contemporânea], id., p. 256: "Na realidade, só uma mudança de atitude do indivíduo pode levar a termo uma renovação das nações."

[3] Ver C. G. Jung, *Psychotherapie der Gegenwart* [Psicoterapia na época atual], Ob. Compl., vol. XVI, p. 115.

[4] Id., p. 117. O trecho na íntegra diz: "Na medida em que estamos convencidos de ser o indivíduo o portador da vida, teremos servido ao propósito dela se uma árvore, pelo menos, conseguir dar frutos, embora mil outras permaneçam estéreis... Considero, portanto, tarefa principal da atual psicoterapia perseguir com sinceridade de propósito a meta do desenvolvimento individual. Fazendo assim, nossos esforços seguirão os próprios esforços da

pedagógicos de Jung foram dirigidos exclusivamente aos indivíduos, e o perigo de que eles perecessem na massa ou fossem destruídos pela inflação o afligia profundamente: "Estou preocupado com o destino, o bem-estar e o sofrimento do homem individual – essa unidade infinitesimal de que depende o mundo, e na qual, se entendemos acertadamente o significado da mensagem cristã, até mesmo Deus busca sua meta."[5]

A importância do indivíduo também está sendo enfatizada atualmente pela teologia – e aqui igualmente a razão principal é neutralizar a coletivização ameaçadora do mundo e da Igreja bem como conservar o cristianismo como uma força viva. Contra essa coletivização está Paul Tillich, que se aproxima do pensamento de Jung ao suplicar respeito pelo ser humano individual como um recipiente do espírito, exigindo que sua "maturidade" religiosa (Dietrich Bonhoeffer) seja seriamente levada em conta. A Igreja deve, diz ele, prestar séria atenção às experiências religiosas dos indivíduos e protegê-las.[6] É por isso que ele apela para

---

natureza para levar a vida à mais plena realização possível em cada indivíduo, pois só neste a vida pode cumprir seu significado – não no pássaro que se encontra numa gaiola dourada."

[5] C. G. Jung, *Gegenwart und Zukunft* [Presente e futuro], Ob. Compl., vol. X, p. 336.

[6] Ver Paul Tillich, *Das Ende des prostestantisches Zeitalters?* [O fim da era protestante?]; e *Geistige Probleme des Wiederaufbaus nach dem Kriege?* [Problemas espirituais da reconstrução depois da guerra], in: *Der Protestantismus* [O protestantismo], Stuttgart, 1950.

um "protestantismo profético" que é "necessário a toda igreja e a todo movimento secular que quiser evitar a desintegração".[7] Tillich vê nessa saída protestante da crise atual da Igreja um trabalho do Espírito Santo – um "espírito profético que sopra onde quer, sem regulamentos eclesiásticos, sem organizações e sem tradições".[8]

Há, contudo, uma diferença de princípio entre o ponto de vista de Tillich e o de Jung: Tillich está preparado para abrir mão da tradição. Para Jung, a tradição é o alicerce espiritual de todo desenvolvimento futuro, coletivo ou individual. O novo só pode dar frutos quando cresce de sementes implantadas na tradição.[9] O homem unido ao inconsciente também está ligado às imagens arquetípicas de sua tradição espiritual. Nele, a separação do homem histórico é irrealizável. É por isso que Jung nunca se afastou da tradição judaico-cristã, observando-a e interpretando--a através dos olhos de um homem moderno treinado nas ciências naturais e sociais. As futuras gerações, se o espírito mantiver

---

[7] Id., p. 281.

[8] Id., p. 283.

[9] Ver C. G. Jung, *Psychol. Deutung des Trinitätsdogmas* [Interpretação psicológica do dogma da Trindade], Ob. Compl., vol. XI, p. 216: "A cultura não consiste no progresso como tal e na destruição irracional dos antigos valores, mas no desenvolvimento e refinamento do bem conquistado." E: "Se a igreja não é uma eternidade lógica, ela nem existe; por isso acho também que a continuidade do rito é extraordinariamente importante." (Carta em 4 de agosto de 1936.)

sua vitalidade, oferecerão ainda outras interpretações e continuarão a tradição a seu próprio modo e com novo conhecimento.

Um "protestantismo profético", no sentido de Tillich, dificilmente pode ser negado em Jung. Só o futuro mostrará se será ouvido e entrará em vigor. Ele próprio, com aquele sóbrio e impessoal senso de valores que lhe era peculiar, falou mais de uma vez da importância póstuma de sua obra.

Capítulo 13

O SIGNIFICADO COMO O MITO DA CONSCIÊNCIA

CONSCIÊNCIA CRIATIVA

Quanto mais profunda a penetração de Jung nas leis dos processos arquetípicos e das manifestações do inconsciente, mais essencial lhe pareceu o papel da consciência. Esta já estava bastante desenvolvida no reino animal. O homem possui uma consciência que não apenas percebe, reage e experimenta, mas que é capaz também de voltar ao vivido e percebido e dar-se conta do que está experimentando. Ela tem a faculdade de reflexão[1] e compreensão, e, através do reconhecimento do mundo exterior e interior, de autoampliação e autotransformação. A consciência do homem é também uma função espiritual.

---
[1] "Reflexão" deriva do latim *reflectere*, que significa dobrar-se para trás.

Ela o destaca do reino animal, embora o homem, de outro ponto de vista, possa ser considerado um "animal diferenciado", guiado pelo instinto.[2] Em geral, Jung usava "consciência" e "consciência reflexiva" como conceitos equivalentes, substituindo ocasionalmente "mente" e "homem" como o veículo da mente. A consciência cognoscente e reflexiva exerce uma atividade criativa, sobrepondo à existência do mundo exterior e interior o fato de eles serem conhecidos; desse modo ela os dota de realidade: o mundo se torna o mundo fenomenal, e, como numa "segunda cosmogonia", o homem confirma ao Criador a sua própria existência.[3]

Quando, de uma colina na planície Athi, na África Oriental, Jung contemplou a ampla savana e observou as grandes hordas de gazelas, antílopes, gnus, zebras e javalis na quietude silenciosa, teve, por assim dizer, uma experiência primordial da função

---

[2] Ver também: *Erinnerungen von C. G. Jung* [Memórias de Jung], p. 341: "Em virtude de suas faculdades reflexivas, o homem se destaca do mundo animal, e revela, por seu espírito, que a natureza pôs um alto prêmio justamente no desenvolvimento da consciência." A pesquisa do comportamento animal mostrou que os animais não agem apenas a partir de direções instintivas fixas, mas têm a capacidade de se adaptar às condições alteradas de vida. Não há, em princípio, diferença entre homens e animais, embora exista uma diferença quantitativa, bem como qualitativa, de consciência.

[3] Id.: Pelo seu espírito reflexivo e pelo desenvolvimento da sua consciência, "ele se apodera da natureza ao reconhecer a existência do mundo e ao confirmá-la, de certo modo, ao Criador". A reprodução, por palavras e obras, do reconhecido, se encontra menos generalizada em outro contexto.

criativa da consciência. Trinta anos depois, ele o recapitulou em suas *Memórias:* "Pastando, cabeças inclinadas, as hordas moviam--se para frente como rios lentos. Raramente se ouvia um som, salvo o grito melancólico de um pássaro predador. Era a quietude do eterno começo, o mundo como sempre fora, no estado de não ser; pois até então ninguém estivera presente para saber que se tratava desse mundo... Ali, o significado cósmico da consciência tornou-se irresistivelmente claro para mim... O homem é indispensável para completar a criação; ele próprio é o segundo criador do mundo; só ele deu ao mundo sua existência objetiva, sem a qual, não sendo ouvido, não sendo visto, comendo silenciosamente, fazendo nascer, fazendo morrer, inclinando cabeças através de centenas de milhões de anos, teria prosseguido na noite mais profunda do não ser, em direção ao seu fim desconhecido. Só a consciência humana criou a existência objetiva e o significado, e o homem encontrou seu lugar indispensável no grande processo de ser."[4]

O homem também tem uma "posição indispensável" no mundo espiritual, com os seus prolongados processos de transformação. Sua consciência, como vimos, representa um papel criativo na evolução e diferenciação das imagens arquetípicas de Deus. Podemos dizer que ele realiza o milagre de uma "segunda teogonia". Como cocriador da realidade exterior e interior, ele e sua consciência têm uma "responsabilidade cósmica". Jung fala também do

---

[4] *Erinnerungen von C. G. Jung* [Memórias de Jung], pp. 259 e seg.

"milagre da consciência reflexiva",[5] em que culmina toda a tendência evolutiva da natureza. "É tão grande a importância da consciência que não se pode deixar de suspeitar que o elemento de significado esteja oculto em algum lugar dentro de toda a monstruosa desordem biológica, aparentemente sem sentido, e que o caminho para sua manifestação se encontre fundamentalmente no nível dos vertebrados de sangue quente, dotados de um cérebro diferenciado, encontrado como que por acaso, involuntário e imprevisto e, no entanto, de algum modo, sentido, percebido e procurado às apalpadelas, a partir de algum anseio obscuro."[6]

O mesmo pensamento ocorre a Mestre Eckhart: "A natureza mais íntima de todo grão é o trigo, de todo metal o ouro, de todo nascimento o homem",[7] e a Thomas Mann: "No mais profundo de minha alma acalento a suposição de que, com o 'Faça--se' de Deus, que chamou o cosmos do nada, e com a geração da vida a partir do inorgânico, era o homem que fundamentalmente se tentava, e com ele se iniciava uma grande experiência, cujo fracasso devido à culpa do homem seria o fracasso da própria criação, equivalente à sua refutação. Se foi assim ou não, seria bom para o homem agir como se tivesse sido".[8]

---

[5] Id., p. 341.

[6] Id., pp. 341 e seg.

[7] H. Büttner, *Meister Eckeharts Schriften und Predigten* [Escritos e sermões de Mestre Eckhart], vol. I, p. 1. Do Capítulo "Sobre a Realização".

[8] Thomas Mann, *Lob der Vergänglichkeit* [Elogio do transitório], in: *Altes und Neues* [Antigo e novo]. Pequeno esboço de cinco décadas, Frankfurt/M.,

O "Mito do Significado" de Jung trata da consciência. A tarefa metafísica do homem consiste na contínua ampliação da consciência em geral, e seu destino como indivíduo, na criação da consciência individual. É a consciência que dá significado ao mundo. "Sem a consciência reflexiva do homem, o mundo carece de uma gigantesca falta de sentido, pois o homem, pela nossa experiência, é o único ser capaz de perceber sentido", escreveu Jung a Erich Neumann (março de 1959).[9] Entretanto, a ênfase de Jung na consciência nunca significou uma desvalorização do inconsciente, nem ele sequer cogitou que este pudesse ser "subjugado". Uma substituição do inconsciente pela consciência é totalmente inconcebível, se considerarmos que a esfera de ação dos dois não pode ser comparada, e que a consciência só adquire seu poder criativo estando enraizada no inconsciente, embora possamos ser inteiramente inconscientes da existência deste. A alta avaliação que Jung fazia da consciência estava presente nele, em embrião, desde o começo. Mas, só no curso das décadas, ele chegou a reconhecer seu papel predominante no destino humano. Inicialmente, antes de ter sondado as profundezas da sua natureza

---

1953, p. 376. Ver também Julian Huxley, *Entfaltung des Lebens* [Evolução da vida], Frankfurt/M., 1954, p. 138: "(O homem) não precisa mais se considerar insignificante diante do cosmos. Ele é extraordinariamente importante. Em sua pessoa, adquiriu significado, pois está constantemente criando novos significados".

[9] *Erinnerungen von C. G. Jung* [Memórias de Jung], p. 376. A carta se encontra na íntegra no Apêndice.

paradoxal, confiou nos poderes criativos do inconsciente. Foi isso que o induziu a dar uma oportunidade aos primórdios do nacional-socialismo, apesar de todas as suas reservas objetivas. Ele o viu, muito corretamente, como uma erupção de forças coletivas oriundas do inconsciente, mas estava ainda inclinado, na ocasião, a dar precedência ao mito do inconsciente sobre o mito da consciência.[10]

Seus pensamentos básicos sobre o "mito da consciência" e o significado podem ser encontrados nas suas memórias. Isso não é um acaso, porque ele não considerou o livro uma obra científica, e a resposta à questão do significado não é uma resposta científica. Toda resposta é uma interpretação ou conjectura humana, uma confissão ou uma crença.[11] Ela é "criada" pela consciência, e sua formulação é um mito.

---

[10] Jung não era nem simpatizante do nazismo nem antissemita, apesar das constantes afirmações em contrário. Isso se tornou inteiramente claro na documentação publicada no volume X das *Obras Completas*.

[11] Ver também C. G. Jung, Ob. Compl., vol. IX, 1ª edição, p. 109: "'Mas por que na Terra', perguntará o senhor, 'seria necessário ao homem adquirir, por bem ou por mal, um nível superior de consciência?' Essa pergunta atinge o alvo e não acho que a resposta seja fácil. Em lugar de uma resposta verdadeira, só posso fazer *uma confissão de fé:* parece-me que, depois de milhares e milhões de anos, alguém deveria chegar a saber que este mundo maravilhoso de montanhas e oceanos, sóis e luas, galáxias e nebulosas, plantas e animais, *existe*." Segue-se um breve relato da vivência africana citada acima e a conclusão: "Cada avanço, mesmo o menor, nesse caminho da conscientização, cria vida".

Jung "criou" suas respostas com base nas suas percepções interiores durante décadas de trabalho de pesquisa. Numa pequena passagem das *Memórias* descreveu, mais uma vez, o arco da ambivalência da imagem de Deus que aparece no Antigo Testamento que se inicia com o "mito da encarnação necessária de Deus", chegando até a superação dos antagonismos da imagem de Deus por meio da experiência do *self*; e Jung conclui com as palavras: "As contradições internas necessárias na imagem de um Deus-Criador podem ser conciliadas na unidade e totalidade do *self*... Na experiência do *self* não são mais 'Deus e o homem' que são conciliados, como antes, mas principalmente os antagonismos dentro da própria imagem de Deus. Esse é o significado do 'serviço divino', o serviço que o homem pode dedicar a Deus, que a luz pode emergir da escuridão, que o criador pode se tornar consciente de sua criação, e o homem consciente de si mesmo. É essa a meta, a única meta que ajusta o homem significativamente ao esquema da criação, e, ao mesmo tempo, lhe confere significado. É um mito elucidativo que tomou forma lentamente dentro de mim no curso das décadas. É uma meta que posso reconhecer e apreciar, e que, portanto, me satisfaz."[12]

Sua limitação a uma afirmação subjetiva não subtrai nada do "mito elucidativo" de Jung. Ele se cristalizou gradativamente a partir de um conhecimento da realidade do homem e de sua alma, que mergulhou mais profundamente que a da maioria dos

---

[12] *Erinnerungen von C. G. Jung* [Memórias de Jung], p. 341.

seus contemporâneos e é uma continuação significativa do milenar mito judaico-cristão. Daí que ele não se aplica apenas a Jung, mas tem uma importância que se estende além do pessoal. Jung estava cônscio disso, pois prosseguiu: "Não imagino que em minhas reflexões sobre o significado do homem e seu mito eu tenha expressado uma verdade final, mas creio que isso é o que pode ser dito no final da nossa era de Peixes, e talvez deva ser dito em razão da vinda da era de Aquário (o portador da água), que tem uma figura humana".[13] Jung escreveu essas palavras aos oitenta e quatro anos, contemplando um futuro distante. Pode-se muito bem concluir que, no fim de sua vida, ele tinha o sentimento de ter cumprido a "responsabilidade metafísica" do homem, à sua maneira, e de ter cumprido, dentro do possível, a incumbência dada a cada um de nós de ampliar a consciência. Nas *Memórias*, o capítulo sobre sua obra termina com as palavras: "Sinto que fiz tudo que me era possível fazer. Não há dúvida de que poderia ter sido mais e melhor; porém não com base nas minhas capacidades."[14]

Ao ler os últimos capítulos das *Memórias*, que contêm os pensamentos de Jung sobre o significado (fevereiro de 1959), Erich Neumann escreveu-lhe uma carta de Tel Aviv, manifestando sua concordância geral, embora levantasse objeções sobre certos

---

[13] Id., p. 342.

[14] Id., p. 226.

pontos, e concluiu a carta com seu próprio "mito".[15] As passagens cruciais são as seguintes: "Parece-me que, justamente pelo fato de a psique e os arquétipos, com o seu conteúdo de significado, terem-se desenvolvido dentro da evolução da natureza, este significado não é algo estranho a ela, mas participa dela desde o início. Também aqui cabe a pergunta: 'Quem imprimiu e quem foi impresso?'... A única coisa que permanece questionável: Para que a criação? A resposta 'Para que brilhe em multiplicidade infinita o que, não refletido, brilha apenas dentro de si mesmo' é antiquíssima, mas me satisfaz."

Jung viu significado na relação recíproca entre a conscientização do homem e a evolução da imagem de Deus (formulada metaforicamente como "conscientização de Deus"), para Neumann não havia essa retroação em Deus, nem precisava haver. A resposta de Jung (março de 1959)[16] fundamenta uma vez mais seu ponto de vista ou confissão. A maneira de se dirigir, "Caro Amigo", que só raramente usava, é uma indicação da intimidade que crescera entre eles, no empenho de um em compreender o feitio mental do outro. A carta diz em parte: "Como a criação não tem nenhum sentido *reconhecível* sem a consciência reflexiva do homem, é através da hipótese do sentido *latente* que se confere ao homem um significado cosmogônico, uma verdadeira

---

[15] Citado por gentil permissão da Sra. Julie Neumann, Tel Aviv, p. 179 (*Apêndice*).

[16] *Erinnerungen von C. G. Jung* [Memórias de Jung], p. 376. (Resumido), *Apêndice*, p.182.

raison d'être. Mas, pelo contrário, se atribuímos ao Criador o sentido latente como plano consciente de criação, surge a pergunta: Por que o Criador deveria organizar todo esse fenômeno do mundo, se Ele já sabe em que este se poderia refletir; e por que, se Ele já está consciente de si mesmo? Para que iria criar, ao lado de sua onisciência, uma segunda consciência, inferior? Em certo sentido, milhões de espelhinhos foscos, cuja imagem refletida já sabe de antemão como será?"[17]

Pouco depois, Jung escreveu aproximadamente a mesma coisa numa carta a Miguel de Serrano[18] (setembro de 1960): "(A luz da consciência) é extremamente preciosa não só para mim, mas sobretudo para a escuridão do Criador, que precisa do homem para iluminar sua criação. Se Deus tivesse previsto seu mundo, este seria uma simples máquina sem sentido, e a existência do homem um capricho inútil. Meu intelecto pode visualizar a última possibilidade, mas todo o meu ser diz 'Não' a ela."[19]

O valor que Jung atribuía à *oração* resulta dessa compreensão religiosa, determinada pelo sentimento de uma relação significativa entre o homem e Deus. Ele diz numa carta (setembro de

---

[17] Ver também *Erinnerungen von C. G. Jung* [Memórias de Jung], p. 341: "Se o Criador fosse consciente de si, não precisaria de criaturas conscientes; nem é provável que os métodos extremamente indiretos de criação, que desperdiçaram milhões de anos no desenvolvimento de incontáveis espécies e criaturas, sejam resultado de um propósito intencional".

[18] Ver M. Serrano, *C. G. Jung and Hermann Hesse*, Londres, 1966.

[19] Id., p. 88.

1943): "Tenho pensado muito sobre a oração. Ela – a oração – é muito necessária, porque converte o além, que conjecturamos e sobre o qual pensamos, numa realidade imediata, e nos transporta para a dualidade do eu e do Outro obscuro. Ouvimos a nós mesmos falar e não podemos mais negar que nos dirigimos 'àquilo'. Surge então a pergunta: O que virá a ser de Ti e de Mim? Do transcendental Tu e do imanente Eu? O caminho do inesperado se abre, terrível e inevitável, com a esperança de uma volta favorável ou um desafiador 'Eu não sucumbirei sob a vontade de Deus, a menos que eu mesmo também o queira'. Só então, é assim que sinto, a vontade de Deus se tornará perfeita. Sem mim, ela será apenas a sua vontade todo-poderosa, uma fatalidade assustadora mesmo em sua graça, desprovida de visão e audição, desprovida de conhecimento precisamente por essa razão. Vou junto com ele, um miligrama imensamente pesado, sem o qual Deus teria feito seu mundo em vão..."

A admissão de Jung de um criador que necessita do homem tanto quanto este necessita dele projeta uma imagem bem conhecida no misticismo e na filosofia bem como retorna também na poesia moderna.[20]

O próprio Jung gostava muito de citar o *Cherubinischen Wandersmann* [O andarilho angelical], de Angelus Silesius (Johannes

---

[20] Walter Robert Corti apresentou em seu ensaio *Die Mythopoese des "Werdenden Gottes" [A Mythopoese* do "Deus em seu Vir-a-Ser"], Zurique, 1953, um exame e interpretação completos. Ver também o ensaio de Corti, *Der Mensch als Organ Gottes* [O homem como órgão de Deus], Anuário de Eranos, 1959.

Scheffler, 1624-1677). Em *Tipos psicológicos,* ele cita, entre outros, os versos:

Eu sei que sem mim Deus não pode viver um só momento.
Tivesse eu de morrer, e ele não poderia mais sobreviver.

Devo ser eu mesmo o sol e, com meus raios,
Pintar o mar incolor de toda a divindade.

Mestre Eckhart, cuja inteligência e obra atraíram especialmente Jung, também deveria ser mencionado nesse sentido. Sua frase: "Sou a causa de Deus ser 'Deus'!"[21] reflete uma visão semelhante da relação de Deus com o homem. Não podemos esquecer G. W. F. Hegel (1770-1831), onde encontramos afirmações tais como "Sem o mundo, Deus não é Deus"[22] e "Deus só é Deus na medida em que se conhece; além disso, seu autoconhecimento é sua consciência de si no homem e no conhecimento de Deus do homem..."[23] Na virada do século, Rilke revestiu esse pensamento de forma poética em seu "Livro de Horas":

O que farás, Deus, se eu morrer?
Tua taça quebrou? (Essa taça sou eu).

---

[21] Do estudo *Vom Schauen Gottes und von Seligkeit* [Da contemplação de Deus e da beatitude], citado segundo C. G. Jung, *Psychologische Typen* [Tipos psicológicos], Ob. Compl., vol. VI, p. 272.

[22-23] Citado segundo W. R. Corti, *Der Mensch als Organ Gottes* [O homem como órgão de Deus], Anuário de Eranos, 1959, pp. 403 e seg.

Tua bebida estragou-se? (Essa bebida sou eu).
Sou teu ofício e tua roupagem,
Comigo perde-se o teu sentido.

A correspondência de Jung com Neumann a respeito de Deus e do homem constitui uma leitura impressionante, mas difícil; são dois pesquisadores e psicoterapeutas, um cristão e um judeu, professor e aluno, ambos lutando, alguns anos antes da morte, com a questão do significado, não hesitando cada um deles em confessar sua fé baseada em persistente trabalho mental, pesquisa e profunda experiência. O Deus de Jung, evoluindo e tomando forma através do seu encontro com o homem, é uma imagem primordial. O Deus de Neumann, permanecendo em repouso imutável, é outra imagem primordial, igualmente profunda e importante. Nem uma nem outra dessas imagens nos diz nada sobre o próprio Deus. O importante e o excitante é que Jung, como Neumann, deu um passo, do conhecimento dos fundamentos arquetípicos dessas imagens para a afirmação mítica, para a fé e a sustentação do significado. Para nenhum deles essa decisão equivaleu a uma negação da base psicológica das afirmações míticas, mas ambos tiveram a liberdade de criar um mito do significado.

Naturalmente, podemos nos perguntar se o significado "fabricado" pelo homem tem algum valor e se a impossibilidade de descobrir um significado objetivo não seria melhor respondida com a admissão de uma falta de significado. Jung respondeu negativamente a essa pergunta. Sua negação era não apenas a expressão de um temperamento profundamente religioso, mas também o resultado de sua experiência como psicoterapeuta e médico; a "falta de significado inibe a plenitude da vida, e, portanto, equivale à doença".[24] Ele viu na neurose, "fundamentalmente, o sofrimento de uma alma que não descobriu seu significado",[25] ao passo que o significado tem um poder curativo inerente: ele "faz muitas coisas suportáveis, talvez tudo".[26] Não existe uma fórmula válida universalmente para o significado, e, no final de sua vida, Jung destinou um lugar tanto ao significado quanto à falta de significado, em seu esquema do mundo. A criação do significado, porém, é importante na medida em que o que tem significado se separa a partir do que não tem significado, e "quando senso e contrassenso não são mais idênticos, a força do caos é enfraquecida por sua subtração; o senso é então dotado da força do significado, e o contrassenso da força da falta de significado. Desse modo surge um novo cosmo".[27]

---

[24] *Erinnerungen von C. G. Jung* [Memórias de Jung], p. 343. Ver também Albert Einstein, *Mein Weltbild* [Como eu vejo o mundo], Frankfurt/M.-Berlim, 1965, p. 10: "Qual o significado da vida humana, ou da vida orgânica em conjunto? Saber uma resposta a essa pergunta significa ser religioso. Tu perguntas: Há então algum sentido em fazer a pergunta? Respondo: O homem que considera sem significado sua própria vida e a de seus semelhantes não apenas é infeliz, mas é quase incapaz de viver."

[25] C. G. Jung, *Psychotherapie und Seelsorge* [Psicoterapia e assistência espiritual], Ob. Compl., vol. XI, p. 358.

[26] *Erinnerungen von C. G. Jung* [Memórias de Jung], p. 343.

[27] C. G. Jung, *Archetypen des koll. Unbewussten* [O arquétipo do inconsciente coletivo], Ob. Compl., vol. IX, 1ª edição, p. 41.

Em comparação com essa visão de mundo, é tragicamente unilateral a visão dos poetas e escritores do século atual quando proclamam a falta de significado e o consequente desespero como a verdade interna do homem. O fato de a literatura do absurdo, do niilismo e do desespero ocupar um lugar tão amplo, é sintomático de uma época que perdeu suas raízes religiosas e que não pode se defrontar com o paradoxo de uma realidade transcendental. As mais importantes obras dessa literatura não nos deixam dúvida de que foi o homem quem fracassou. Elas pintam um retrato do homem que, partindo da fraqueza e da inaptidão, não conseguiu atingir o significado, e não conseguiu chegar a ele, porque, embora podendo suspeitar da sua existência, não pode criá-lo. Dois nomes vêm à lembrança:

Franz Kafka (1883-1924), o primeiro que deu expressão artística válida à condição metafísica do homem moderno, sintetiza a experiência de falta de significado na parábola do homem que passa a vida inteira buscando inutilmente o "acesso à Lei". Durante dias e anos fica sentado ao lado da "porta entreaberta da Lei", à espera de que o poderoso porteiro o deixe entrar. Desperdiça toda a sua vida de maneira insensata, esperando, em monótono desespero. Por fim, seus olhos se toldam e o mundo escurece à sua volta. "Na escuridão, porém, pode perceber agora um resplendor que emana inextinguivelmente da porta da Lei." O agonizante indaga ao porteiro por que, em todos aqueles anos, ninguém, exceto ele, tentara entrar, uma vez que todos se esforçam por alcançar a Lei. Ao que o porteiro bradou ao seu ouvido surdo ser a entrada unicamente para ele, e isso aumentava a falta de sentido de sua vida passada à espera. Agora a porta ia se fechar.[28] Dos contemporâneos citarei apenas o escritor Samuel Beckett (1906-1989) como apóstolo da trágica falta de significado. Fundamentalmente, nada acontece em todos os seus livros; tudo gira num círculo sem fim e a incessante litania da falta de significado recomeça, porque o homem não vê o essencial, ou, ao vê-lo, não o compreende; porque ele não cria o significado, mas espera por ele e termina, portanto, num desapontamento sem fim.

A vida não proporciona uma interpretação e parece, até certo ponto, sem significado. Tem, contudo, uma natureza que pode ser interpretada, que pode ser discernida pela mente discriminadora, "pois em todo caos existe um cosmo, em toda desordem uma secreta ordem, em todo capricho uma lei fixa, porque tudo que trabalha se fundamenta em seu oposto".[29] Um inequívoco "não", à questão do significado, não abrange a totalidade, que sempre é um paradoxo. Falta o oposto, o "sim". É por isso que a questão continua viva como sempre e, repetidamente, confronta o homem; pois o "significado" é um arquétipo,[30] do mesmo modo que o mistério da existência e os sinais de indestrutibilidade são experiências arquetípicas.

---

[28] Ver F. Kafka, *Der Prozess* [O processo], Frankfurt/M.-Hamburgo, pp. 155 e segs.

[29] C. G. Jung, Ob. Compl., vol. IX, 1ª edição, p. 41.

[30] C. G. Jung, id., p. 42.

O SEGREDO DA SIMPLICIDADE

Toda declaração sobre o significado, seja uma hipótese ou uma confissão de fé, é um mito, um resultado em parte da consciência e em parte do inconsciente. O homem moderno, entretanto, é racional demais, inteligente demais, demasiadamente conhecedor de tudo, afastado demais da natureza e de suas contradições, e não leva a sério suas próprias intuições e as imagens que surgem de sua alma. Desaprendeu como criar mitos, e, graças a isso, fracassou em dar continuidade à construção do mito cristão. Era essa a tônica do protesto de Jung contra o cristianismo contemporâneo. Ele próprio aplicou sua pesquisa à tarefa de compreender a Bíblia e o dogma sob nova forma, através da psicologia do inconsciente. As velhas verdades foram vestidas com a roupagem de um mito novo, embora antiquíssimo, que, juntamente com a imagem divina do Espírito Santo, inclui no drama divino o homem comum pecador. Por isso é que o mito interessa a ele de maneira tão especial. Para Jung, o mito converteu-se numa experiência de significado.

Por estar tão próximo da natureza, o significado dos mitos do homem primitivo dá-lhe um sentimento de segurança. Tudo que faz, tudo que experimenta, liga-se intimamente ao cosmo, às estrelas e ao vento, aos animais sagrados e aos deuses. Com sua consciência incomparavelmente mais diferenciada, o homem moderno perdeu o contato com a natureza, tanto exterior quanto interior, com suas imagens psíquicas, e, portanto, com o significado. Ele é unilateral, e prossegue desenvolvendo essa unilateralidade ao longo do caminho da diferenciação intelectual. O homem primitivo e natural que ainda habita dentro dele foi reprimido, e, por isso, degenerou e, de tempos em tempos, é tomado de fúria cega que irrompe nele como um impiedoso bárbaro. O contato do consciente com o inconsciente, curando e reintegrando, restaura a conexão com sua origem, com a fonte das imagens psíquicas. Não é uma regressão à barbárie, mas uma regeneração através de uma relação renovada e consciente com um espírito vivo, imergido no inconsciente. Cada passo para frente no caminho da individuação e da cultura da alma é ao mesmo tempo um passo para trás no passado, nos mistérios da nossa própria natureza.[31]

Jung, aos oitenta anos, discutindo com um grupo de jovens psiquiatras da América, Inglaterra e Suíça, em sua casa, sobre o processo do tornar-se consciente, encerrou com estas surpreendentes palavras: "E têm então de aprender a se tornarem decentemente inconscientes". Isso não era um desmentido de suas próprias descobertas e da própria obra, nem uma depreciação da consciência, mas uma indicação de que todo esforço para

---

[31] As imagens do inconsciente "não podem ser pensadas, mas devem aflorar de novo das profundezas esquecidas, se tiverem que expressar as supremas percepções da consciência e as mais grandiosas intuições do espírito, e, desse modo, *fundir a singularidade da atual consciência com o antigo passado da vida*". De C. G. Jung, comentário europeu sobre um texto chinês: *Das Geheimnis der Goldenen Blüte* [O segredo da flor de ouro], Ob. Compl., vol. XIII, p. 36.

aumentar a consciência é seguido, ou seria seguido, de um movimento contrário para a inconsciência. Contudo, a inconsciência no final da individuação é de espécie diferente daquela da inconsciência no seu começo, assim como uma montanha vista do vale nos parece diferente depois que a escalamos. Com essa "inconsciência da consciência", a observação científica se detém. Aqui tem início o caminho – não mais definível pelo intelecto – na direção do significado e da sabedoria.

Quem tomou conhecimento do arquétipo do significado, ou criou um mito do significado, assimilando-o, não necessita mais de intérprete. Sabe: "É". A superfície transitória da vida não é mais um véu a ocultar a realidade transcendental, pois agora ambos os mundos se fundem numa unidade significativa. Então, o significado do vento é simplesmente o vento, do amor, o amor, da vida, a vida. O que, no início, era absoluta inconsciência e vazio, ou se assemelhava a um lugar-comum, contém agora o segredo da simplicidade, onde os opostos estão unidos.

Ao fazermos "a coisa imediata e mais necessária, sem agitação estaremos fazendo sempre algo significativo e planejado pelo destino",[32] assim definiu Jung a simplicidade na vida diária. "Mas as coisas simples são sempre as mais difíceis" é o corolário que retorna em muitos pontos desta obra.[33] A simplicidade é uma

---

[32] De uma carta de março de 1933.

[33] C. G. Jung, *Mysterium Coniunctionis*, Ob. Compl., vol. XIV, 2ª edição, p. 312. Ver também: *Psychotherapie und Seelsorge* [Psicoterapia e assistência espiritual], Ob. Compl., vol. XI, p. 367.

grande arte, porque está em constante risco de naufragar num choque com o mundo ou pela inconsciência, mas continua um alvo. Ela traz à realidade essa totalidade original, transcendental do *self*, uma vez que os opostos se tornem conscientes e os seus múltiplos aspectos constituam novamente um.

SINCRONICIDADE

É o homem quem cria o significado. No entanto, considerando uma visão de mundo que abranja o inconsciente, essa afirmação deve também ser complementada por seu oposto: a hipótese de um significado que subsista em si mesmo e independentemente do homem.

Um significado *a priori* parece se manifestar principalmente nos fenômenos descritos por Jung como "sincronísticos". Estes incluem, por exemplo, percepções extrassensoriais: sonhos que se realizam, premonições verificáveis, previsões genuínas etc. Todos esses fenômenos são caracterizados pelo fato de uma imagem psíquica interior (um sonho, uma visão etc.) espelhar um acontecimento externo futuro ou distante, inacessível aos órgãos dos sentidos. Tanto a experiência interna como o acontecimento externo estão ligados entre si de modo não casual, mas pela equivalência do seu conteúdo, pelo elemento do significado. Noutros casos, o fato, ao acontecer na realidade, repete significativamente ou suplementa a experiência interior: por exemplo, o besouro da rosa, que é parecido com o escaravelho, voa contra a janela no momento em que um paciente está contando ao analista o sonho que teve com um escaravelho dourado. Ou então um conhecido aparece na esquina quando estamos pensando nele, ou um relógio para no momento da morte de uma pessoa, e assim por diante. Com esses fenômenos fronteiriços, que ocorrem de maneira irregular e relativamente com pouca frequência,[34] dois ou mais acontecimentos independentes, cada qual com sua própria cadeia causal, são mutuamente relacionados pelo significado. Sua ligação não pode ter uma explicação causal, razão pela qual Jung introduziu o conceito novo de *sincronicidade* como um princípio necessário de conhecimento. Ele o definiu como uma "coincidência no tempo de dois ou mais acontecimentos sem relação causal, com o mesmo significado ou significado similar";[35] poder-se-ia acrescentá-lo "como um quarto termo à conhecida tríade de espaço, tempo e causalidade".[36] A "coincidência no tempo" não se refere a uma simultaneidade absoluta determinada pelo relógio, embora isso também possa acontecer. É mais uma questão de experiência subjetiva ou imagem interior, através da qual o acontecimento real, passado ou futuro, é experimentado no presente. Imagem e fato coincidem numa simultaneidade subjetiva. Por isso, Jung pre-

---

[34] Não é fácil determinar sua frequência. Talvez apareçam mais frequentemente se estivermos à sua espreita.

[35] C. G. Jung, *Synchronizität als ein Prinzip akausaler Zusammenhänge* [A sincronicidade como um princípio de relação não causal], Ob. Compl., vol. VIII, p. 481.

[36] Id., p. 545.

feriu os termos "sincronicidade" e "sincronísticos" a "sincronismo" e "sincrônico".[37]

Os fenômenos sincronísticos, sobretudo as percepções extrassensoriais não causais, levaram Jung a deduzir a existência de um significado transcendental independente da consciência: "A realidade... que é característica dos fenômenos sincronísticos, um conhecimento não obtido por meio dos órgãos dos sentidos, apoia a hipótese da existência de um significado que subsiste por si mesmo. Esta forma de existência só pode ser *transcendental*."[38]

A respeito da nossa questão do significado, é de decisiva importância que, no curso do trabalho pioneiro de Jung sobre a sincronicidade, sua concepção tenha passado gradativamente para o segundo plano. O conceito de *significado preexistente* como característica desses fenômenos foi gradativamente substituído

---

[37] A percepção visionária de Swedenborg de um grande incêndio em Estocolmo enquanto ele estava em Gotemburgo, distante cerca de cinquenta milhas, é um fenômeno sincronístico caracterizado por uma simultaneidade objetiva: na mesma hora, o fogo estava realmente grassando em Estocolmo. Kant relata e autentica o caso. [In: *Träume eines geistersehers, erläutert durch Träume der Metaphysik* – Sonhos de um espírito visionário, elucidados por sonhos de metafísicos]. O encontro de Goethe com sua própria aparência futura, o seu "sósia", depois de despedir-se de Friederike Brion, é também um autêntico fenômeno sincronístico, embora aqui a sincronicidade fosse experimentada subjetivamente: o acontecimento real no futuro tornou-se uma experiência interior aqui e agora.

[38] C. G. Jung, *Synchronizität* [Sincronicidade], Ob. Compl., vol. VIII, p. 540. Ver também p. 536: "A sincronicidade postula um significado que é apriorístico em relação à consciência humana, e aparentemente exterior ao homem".

pelo conceito mais objetivo de *organização não causal*.[39] O arquétipo deve ser considerado o fator organizador (o elemento estrutural no inconsciente coletivo). A experiência mostrou que os fenômenos sincronísticos ocorrem antes de tudo em torno de vivências arquetípicas, como a morte, um perigo mortal, catástrofes, crises, transformações sociais etc. Pode-se também dizer que no "inesperado paralelismo de acontecimentos psíquicos e físicos", característico desses fenômenos, o arquétipo psicoide paradoxal constelou a si mesmo: aqui desponta como uma imagem psíquica, ali como um fato físico, material, externo. Desde que sabemos que o processo consciente consiste na percepção das grandezas opostas que se destacam uma da outra, um fenômeno sincronístico podia ser compreendido como um modo incomum de nos tornarmos conscientes de um arquétipo: parte do arquétipo está ainda no inconsciente, daí a relatividade de espaço e tempo, característica dos processos fora ou além da consciência. Mas outra parte dele já irrompeu na consciência e, por isso, sua unidade psicoide originalmente incognoscível se divide em opostos que podem agora ser reconhecidos, em acontecimentos paralelos psíquicos e físicos.

---

[39] Ver id., p. 550: "A coincidência significativa ou equivalência entre um estado psíquico e um físico sem relação causal entre si quer dizer, em termos gerais, que é uma modalidade sem uma causa, uma organização não causal". Ver também, id., p. 536, nota 128: "Em vista da possibilidade de a sincronicidade poder ocorrer também sem a participação da psique humana, gostaria de assinalar que neste caso teríamos que falar não de significado, mas de equivalência, ou conformidade...".

Considerada do ponto de vista da concepção mais compreensível da "organização não causal", a sincronicidade é apenas uma instância especial de uma organização geral, que subsiste da mesma forma nas ciências naturais, e engloba exterior e interior, cosmo e espírito, conhecedor e conhecido. O conceito de "significado" permanece tão característico dos fenômenos sincronísticos quanto antes, mas agora se reveste uma vez mais da qualidade de algo criado pelo homem: a organização que vem à luz nos acontecimentos não causais pode ser experimentada como significativa, ou então excluída como puro acaso, e, portanto, sem significado.

Na maioria dos casos, uma experiência de fator oculto, transcendental, organizador, está estreitamente ligada a uma percepção de numinosidade. Isso é verdadeiro nas ciências físicas que, tendo alcançado as fronteiras da cognição, encontram-se diante de questões metafísicas e religiosas; é igualmente verdadeiro na psicologia, agora que ela estabeleceu os efeitos numinosos do arquétipo. Os fenômenos sincronísticos "organizados" pelo arquétipo despertam, em geral, admiração e temor, ou uma intuição de "poderes incognoscíveis que determinam o significado". Segundo Goethe, há um poder organizador sobre-humano, que parece tanto acaso quanto providência, e que contrai o tempo e expande o espaço. Ele o chamou de "demoníaco", e falou dele como outros falam de Deus.[40]

---

[40] Ver Walter Muschg, *Goethes Glaube an das Dämonische* [A crença de Goethe no demoníaco], Stuttgart, 1958, p. 23. O emprego do termo "demoníaco" encontra-se em Dichtung und Wahrheit [Poesia e verdade], Parte 4, Livro 20.

O causalismo de nossa visão do mundo decompõe tudo em processos específicos – e isso é absolutamente necessário do ponto de vista de um conhecimento sólido. O princípio da sincronicidade, o arquétipo transcendental e psicoide, assim como a concepção de uma organização metafísica independente de nosso arbítrio, à qual "estão sujeitos tanto a alma daquele que percebe quanto o que é reconhecido na percepção" (W. Pauli), permite-nos vislumbrar, por trás dos processos específicos, uma inter-relação universal dos acontecimentos. Uma unidade de seres preexistentes toma forma, e os mundos aparentemente incomensuráveis da psique e da matéria podem ser compreendidos como aspectos dessa unidade.

Hoje, num mundo cada vez mais dilacerado pela fragmentação espiritual, tal concepção representa importante papel na compensação da nossa imagem do mundo. Essa visão unitária da realidade equivale, no domínio científico, à experiência religiosa de uma imagem arquetípica de Deus, em que os antagônicos são superados. Jung a redescobriu, no inconsciente do homem moderno, como a imagem da totalidade. Trazendo-a à consciência e desse modo atualizando-a, ele viu, ou criou para si mesmo, o significado da vida.

APÊNDICE

Tel Aviv, 18 de fevereiro de 1959

Muito estimado C. G. Jung!

Que mês! Após longo tempo, entrei justamente numa "vaga" de imaginação ativa, e a isto, agora, se junta o seu manuscrito com os capítulos sobre o além. Quero primeiro agradecer muitíssimo. Não faço nenhum "julgamento" sobre eles, nem sobre todo o livro, mas emocionou-me profundamente. Considero-o o mais belo livro que você já escreveu. Devo, contudo, confessar que tenho motivos muito pessoais, porque, de tudo que se escreveu, não conheço nada que se aproxime tanto de mim, das minhas experiências e da minha vida. Não deve entender essa declaração como falta de modéstia, porque não se trata aqui de diferença de dimensões, mas de uma espécie de experiência de vida; você sabe o quanto o "Mythos", que escrevi aos dezesseis anos, se aproxima de tudo isso e, se agora, ficando mais velho, me volto para o meu desenvolvimento e examino as suas fases, experimento um sentimento de vida muito semelhante ao que o seu livro irradia.

Se agora vou apresentar anotações, "objeções" etc., deve entender isso como indagações inevitáveis. Elas precisam ser feitas, porque a profundidade dessas coisas que me tocam não pode ficar sem reação e parece-me que é a você que devo dirigi-las. Mas não quero que nenhuma das minhas perguntas seja para você um peso. Nesses assuntos, sabemos, nada tenho a esperar de você, mas tudo de mim mesmo. Parece-me que o meu fundo judaico, e por isso, talvez, mais oriental, que não corresponde, naturalmente, de todo, ao seu, cristão e mais ocidental, explica muita coisa. Não obstante, faço as perguntas, porque, em alguns trechos, penso que, dentro de você mesmo, algumas respostas mais profundas – talvez? – contradigam outras menos profundas, se as entendi corretamente. Mas com isso não quero me referir de nenhum modo ao paradoxo necessário das afirmações.

Peço que não me entenda mal se, para simplificar, formulo as perguntas como teses. Desse modo, espero, no entanto, fazê-lo de maneira mais breve. Mesmo parecendo pretender "corrigi-lo", pode acontecer talvez de outra pessoa perceber, à distância, algo que, para nós, é mais difícil ver. Embora corra o risco de tornar-me desagradável, desejo fazer algumas objeções à sua tão estimada tese sobre a "conscientização da divindade", objeções que têm origem no seu próprio material. Não seria possível que justamente essa tese de sua conscientização devesse ser compensada? Uma tese cujo aspecto de desenvolvimento talvez esteja ainda condicionado pelo tempo? Quando o *self* "medita" você como eu, então o *self* não é inconsciente. Se alguém comunica a você – o que é o mesmo – que Jung é uma projeção do grande desconhecido, então esse alguém deixa transparecer nitidamente não ser inconsciente. É o que me parece. Na verdade, portanto, só poderia se tratar de uma variação do mito do homem, concebido por você.

Se nós, seres humanos, somos complexos do inconsciente divino, tornado consciente por algo, enquanto, como consciência humana, conscientizamos a nossa individualidade, o acento sobre o indivíduo deve ser ainda maior, mesmo sem ter de considerar o *self* ou a divindade como inconsciente. Se fôssemos os complexos inconscientes da divindade, dotados de consciência e com a possibilidade de consciência, a nossa tarefa de conscientização e integração seria também sagrada. A função das células do nosso organismo, porém, não afirma que sejamos inconscientes, embora, como eu, não sejamos capazes de "substituir" essa função. A pequena experiência solitária da célula como indivíduo é impossível ao grande como grande; a grande experiência se diferencia infinitamente pela sucessão para o pequeno e o pequeníssimo, tal como a imagem do todo se reflete numa partícula de modo diferente. Tais variações infinitas das experiências únicas infinitamente diferentes acrescentam algo ao conhecimento absoluto, sem que devamos dizer que o conhecimento absoluto seja inconsciente. É compreensível o que eu disse, ou não o compreendi? A partir daí, a minha objeção se volta um pouco para a "encarnação". "Pensamentos Tardios". Essa encarnação é idêntica à criação do homem ao ser retratado como um eu-*self*. Não é a encarnação, mas a sua conscientização e realização que leva ao fenômeno novo do nascimento de Deus, pelo qual o divino se manifesta no homem como algo divinamente individual e exclusivamente singular. A encarnação já está contida na unidade do eu-*self*, na qual o núcleo numinoso do eu possui a capacidade de conscientização. (N. da A.: – Aqui Jung anotou a lápis, na margem: "Mas não consciência!".)

Se a tarefa é o homem tornar-se consciente do seu *self* e do seu criador, ela vai ao encontro de outro fenômeno formulado miticamente, isto é, que o criador e o *self* têm de fazer, com essa tarefa, uma experiência ainda inexistente, pois ainda não existiam os complexos: este indivíduo, este núcleo de consciência de configuração única é o núcleo do eu. Porém o "não-ter-estado" não é idêntico ao "ter estado" inconsciente. Se faço uma "tentativa" nova, não estou ciente do seu resultado, porém ela não é um conteúdo do inconsciente.

Em todo o caso, acontece que o "desenvolvimento" histórico judaico terrestre, tal como todas as teorias de desenvolvimento, torna-se cada vez mais problemático para mim, e mais decisiva a "atualização do messianismo" na individuação. O que vale para a revelação histórica vale igualmente para a encarnação histórica. As fases do desenvolvimento da consciência no desenvolvimento individual são válidas; todo o restante "histórico" faz parte da constelação do eu como época, como a família e a constituição. A realização da unidade eu-*self* é vertical.

Em seguida, faço objeções à sua frase (Da vida após a morte): "A história natural nos fala."[1] Naturalmente ela está, sem nenhuma dúvida, dentro do contexto, mas a "transformação acidental e incidental" assemelha-se, para mim, a um resíduo darwinista, no qual não acredito sem ter pronta uma antítese. Esse aspecto do século XIX talvez seja substituído por uma teoria totalmente diferente, na qual o seu conceito do arquétipo, assim como o conhecimento absoluto e extraordinário, terão papel decisivo. A teoria do desenvolvimento parte da experiência do eu histórico – insuficiente e meramente racional – e não é capaz

---

[1] A passagem diz: "A história natural nos fala da transformação ocasional, acidental, das espécies através dos milênios e do comer e ser comido. Em relação a este, o que a história biológica e política da humanidade nos diz é mais do que suficiente. Porém, a história do espírito está escrita em outra página. Aqui se insere o milagre da consciência reflexiva, da segunda cosmogonia. A importância da consciência é tão grande que não se pode deixar de supor que, em algum lugar atrás dessa representação biológica gigantesca e aparentemente sem sentido, estaria oculto o elemento do significado; um significado que, no caminho da evolução, encontrou, a partir do nível dos seres de sangue quente e de cérebro diferenciado, como que por acaso, a sua manifestação não intencional nem prevista, mas intuída e percebida a partir de um impulso obscuro".

de explicar o desenvolvimento, nem pelo acaso, nem pela seleção, nem pela mutação. Por isso me parece ser uma afirmação normalmente evitada por você, ao falar "da representação biológica aparentemente sem sentido".

Se o significado da vida individual, ou seja, sua concepção, já pressupõe uma experiência tão ampla no sentido do *self*, parece-me que nem sequer deveríamos ultrapassar essa questão. Como eu historicamente único e isolado, isso não nos compete; além disso, as afirmações míticas do inconsciente são bem distintas. Quanto ao resto, não temos explicação suficiente, porém a estruturação dos reinos da natureza, com a sua experiência do mundo, que se amplia progressivamente, parece ir contra a afirmação de que o caminho da manifestação do significado "teria sido encontrado, como que por acaso, graças aos seres de sangue quente e ao desenvolvimento cerebral". Parece-me que, justamente pelo fato de a psique e os arquétipos, com o seu conteúdo de significado, terem-se desenvolvido dentro da evolução da natureza, este significado não é algo estranho a ela, mas participa dela desde o início. Também aqui cabe a pergunta: "Quem imprimiu e quem foi impresso?"

Espero que não leve a mal que eu faça objeções; tudo isso, porém, me toca demais para que possa ficar calado. A ênfase radical sobre o indivíduo como "unidade redentora", por assim dizer, me parece justamente a linha superior de Aquário em relação à linha inferior da coletividade. Por isso fico satisfeito em reencontrar também em você a inevitável ética "nova", em

"Pensamentos Tardios". A única coisa que permanece questioná-vel é: Para que a criação? A resposta: "Para que brilhe em multi-plicidade infinita o que, não refletido, brilha apenas dentro de si mesmo", é antiquíssima, mas me satisfaz.

Caríssimo Jung, desculpe-me, pois, o meu ataque, mas é assim mesmo a constelação de meu fevereiro. Você sabe que a minha gratidão pelo seu livro é ainda maior porque me obriga a responder.

Com a velha solidariedade,

E. Neumann

Caro Amigo

10 de março, de 1959

Meu melhor agradecimento por sua extensa e pormenorizada carta de 18 de fevereiro! O que a senhora Jaffé lhe enviou foi um primeiro esboço, nem sequer revisto; uma tentativa de apreender os meus pensamentos voláteis. Lamentavelmente, o cansaço de minha avançada idade me impede de uma excursão tão extensa quanto a sua carta.

I

A pergunta: *an creator sibi consciens est?* não é uma ideia favorita, mas uma experiência dolorosa de efeito quase incalculável, não facilmente discutível. Caso alguma vez alguém projete o *self*, esse será um ato inconsciente, pois a projeção só ocorre empiricamente a partir do inconsciente.

Incarnatio significava, inicialmente, o nascimento de Deus, que aconteceu em Cristo; portanto, psicologicamente, a reação do *self*, algo anteriormente inexistente. O homem criado anteriormente era uma "criatura", mesmo que em "imagem e semelhança" não exista explicitamente a ideia de *filiatio* e do *sacrificium divinum*. É, como você diz, uma "experiência nova".

"Alguma vez aconteceu, como que por acaso e de passagem, que..." – essa frase parece caracterizar o processo da criação em geral. Nisso, o arquétipo não faz nenhuma exceção. A ocorrência inicial foi que as massas indistintas se dispuseram em forma de círculos. Desse modo, o tipo original aparece como a primeira forma de gases sem forma, porque tudo o que for informe só pode surgir numa figura ou ordem determinada.

O conceito de "ordem" não é idêntico ao de "sentido". Também o ser orgânico, apesar de sua estrutura inteligente, não é necessariamente pleno de sentido em sua relação total. Se o mundo tivesse chegado ao fim no Oligoceno, o mundo não teria tido nenhum significado para o homem. Sem a consciência reflexiva do homem, o mundo fica sem sentido, pois é o homem, segundo nossa experiência, o único ser capaz de perceber o sentido.

Não somos de modo algum capazes de indicar de que se compõe o fator construtivo do desenvolvimento biológico. No entanto, sabemos muito bem que o sangue quente e a diferenciação cerebral são necessários à criação da consciência, e, por isso também, à percepção de um sentido. Não podemos sequer imaginar quantos acasos e riscos a evolução atravessou ao longo dos milhões de anos, desde o lêmure arborícola até o homem. Nessa confusão de acasos, operaram certamente fenômenos sincronísticos que, em face das leis conhecidas da natureza e com a sua ajuda, puderam realizar, em momentos arquetípicos, sínteses que nos parecem miraculosas. A causalidade e a teleologia não funcionam aqui, porque os fenômenos sincronísticos se comportam do mesmo modo que os acasos. Mas a sua natureza reside no fato de que um processo objetivo possui um sentido comum com o processo endofísico. Mas essa frase não só pressupõe um sentido latente (geral?), que pode ser reconhecido pela consciência, como também, para aquela época anterior à criação da consciência, a existência de um processo psicoide que coincide inteligentemente com um processo físico. Mas, nele, o sentido ainda não pode ser reconhecido por nenhuma consciência. Nós nos aproximamos mais desse umbral ao tratar do arquétipo, que sugere, de modo imediato, um umbral psicoide invisível. Sabemos por experiência que as sincronicidades inconscientes são absolutamente possíveis, mesmo que, em muitos casos, não estejamos conscientes de sua ocorrência, ou tenhamos de ser alertados por terceiros para a coincidência.

II

Como a lei natural das probabilidades não oferece nenhum ponto de apoio à suposição de que unicamente por acaso poderiam surgir sínteses mais elevadas, como por exemplo a psique, necessitamos da hipótese de um sentido latente para explicar não só os fenômenos sincronísticos, mas também as sínteses mais elevadas. Inicialmente, a existência de um sentido parece ser sempre inconsciente, e por isso ele só pode ser descoberto *post hoc*; portanto, também corremos sempre o perigo de introduzir um sentido onde não existe nada semelhante. Necessitamos das experiências sincronísticas para poder fundamentar a hipótese de um sentido latente independente da consciência. Como a criação não tem nenhum sentido reconhecível sem a consciência reflexiva do homem, é através da hipótese do sentido latente que se confere ao homem um significado cosmogônico, uma verdadeira *raison d'être*. Mas se, pelo contrário, atribuímos ao Criador o sentido latente como plano consciente de criação, surge a pergunta: Por que o Criador deveria organizar todo esse fenômeno do mundo, se Ele já sabe o que este poderá refletir e por que, se Ele já está consciente de si mesmo? Para que iria criar, ao lado de sua onisciência, uma segunda consciência, inferior? Em certo sentido, milhões de espelhinhos foscos, cuja imagem refletida já sabe de antemão como será?

Após todas essas reflexões, cheguei à conclusão de que a "imagem e semelhança" vale não só para o homem como para o Criador: Ele é semelhante ou igual ao homem, o que significa, entre outras coisas, que é tão ou mais inconsciente do que este, porque, segundo o mito *incarnatio*, sente-se até desafiado a tornar-se homem e oferecer-se em sacrifício a ele.

Agora devo encerrar, cônscio de ter tocado (como me parece) os pontos principais de sua carta, que em parte me foi difícil de entender. Não se trata de desconsideração, mas a minha *molesta senectus* me obriga a me poupar.

Minhas melhores saudações.

Seu dedicado

C. G. Jung[1]

---

[1] C. G. Jung, *Briefe* (Cartas), vol. III, pp. 238 e segs.

BIBLIOGRAFIA

ABELL, A. M. — *Gespräche mit berühmten Komponisten* [Conversações com compositores famosos]. Schröder, Garmisch-Partenkirchen, 1962.

ADLER, G. — *Das lebendige Symbol* [O símbolo vivo]. Munique, Berlim, Viena, 1968.

──────────. "Die Sinnfrage in der Psychotherapie" [A questão do sentido na psicoterapia], in: *Psychotherapeutische Probleme* [Problemas psicoterapêuticos], Ensaios do Instituto C. G. Jung. Zurique, vol. XVII, 1964.

ALVERDES, Fr. — "Die Wirksamkeit von Archetypen in den Instinkthandlungen der Tiere" [A realidade dos arquétipos nos atos instintivos dos animais], in: Zool. Anzeiger [Diário zoológico], 1937, vol. 119, Fascículo 9/10.

AMÉRY, J. – *Jenseits von Schuld und Sühne* [Além da culpa e da expiação). Bewältigungsversuche eines Überwältigten [As tentativas de domínio de um dominado]. Szczesny, Munique, 1966.

BARNETT, L. – *Einstein und das Universum* [Einstein e o universo]. Fischer Bücherei, 4ª edição, 1965.

BA VINK, B. – *Die Naturwissenschaft auf dem Wege zur Religion* [A ciência natural no caminho para a religião]. Morus, Basileia, 1948.

BECKETT, S. – *Warten auf Godot* [Esperando Godot]. Suhrkamp, Frankfurt a. M., 1953.

BÖHLER, E. – *Der Mythus in Wirtschaft und Wissenschaft* [O mito na administração e na ciência]. Rombach, Freiburg Br., 1965.

BÖHME, J. – *Werke* [Obra]. 7º vol. Edição de K. W. Schiebler. Leipzig, 1831-47.

BONHOEFFER, D. – *Der Protestantismus* [O protestantismo]. Stuttgart, 1950.

BORN, M. – *Von der Verantwortung des Naturwissenschaftlers* [Da responsabilidade do ensino das ciências naturais]. Nymphenburger Verlagsbuchhandlung, Munique, 1965.

CAPRA, F. – *Der Kosmische Reigen* [A ciranda cósmica]. O. W. Barth, Berna, Munique, Viena, 1977.

CORTI, W. R. – "Die Mythopoese des 'werdenden Gottes'" [A mitopoese do "Deus em seu vir-a-ser"], in: Archiv f. genet. Philosophie, Zurique, 1953.

_____. "Der Mensch als Organ Gottes" [O homem como órgão de Deus]. Anuário de Eranos, 1959.

ECKEHART, Mestre – *Schriften und Predigten* [Escritos e sermões], vol. 3. Editado por H. Büttner, Diederichs, Jena, 1917.

EINSTEIN, A. – *Mein Weltbild* [Como eu vejo o mundo]. Ullstein Bücher, 1965 (Edição original: Europa Verlag, Zurique).

ELIADE, M. – "La Coincidentia Oppositorum et le Mystère de la Totalité" [A coincidentia oppositorum e o mistério da totalidade]. Anuário de Eranos, 1959.

_____. *Schmiede und Alchemisten* [Forja e alquimistas]. Klett, Stuttgart, 1966.

ELIOT, T. S. – *Four Quartets* [Quatro quartetos]. Faber & Faber, Londres, 1959.

FIERZ, H. K. – *Klinik und Analytische Psychologie* [Psicologia clínica e analítica]. Ensaios do Instituto C. G. Jung, Zurique, vol. XV, 1953.

FIERZ, M.– *Zur physikalischen Erkenntnis* [Sobre o conhecimento da física como ciência]. Anuário de Eranos, 1948.

FREY-ROHN, L. – "Das Böse in psychologischer Sicht" [O mal do ponto de vista psicológico], in: *Das Böse* [O mal], Ensaios do Instituto C. G. Jung, Zurique, vol. XIII, 1961.

HAFTMANN, W. – *Malerei im 20. Jahrhundert* [Quadros do século XX], vol. 2. Prestel, Munique, 1955/57.

HAMMARSKJÖLD, D. – *Zeichen am Weg* [Sinais no caminho]. Droemer/Knaur, Munique, 7ª edição, 1966.

Happenings [Eventos], editado por J. Becker e W. Vostell. Rowohlt, Hamburgo, 1965.

HEISENBERG, W. – *Das Naturbild der heutigen Physik* [A imagem da natureza da física atual]. Rowohlt Enzyklopädie, 1965.

_____. *Physik und Philosophie* [Física e filosofia]. Ullstein Bücher, 1959.

_____. "Wolfgang Paulis philosophische Auffassungen" (Interpretação filosófica de Wolfgang Pauli), in: Zeitschrift f. Parapsychologie und Grenzgebiete der Psychologie (Jornal de Parapsicologia e Assuntos Limítrofes com a Psicologia), vol. III, Nº 2-3, 1960.

HEITLER, W. – *Der Mensch und die naturwissenschaftliche Erkenntnis* [O homem e o conhecimento científico da natureza]. Vieweg, Braunschweig, 3ª edição, 1964.

HESS, W. – *Dokumente zum Verständnis der modernen Malerei* [Documentos para a compreensão da pintura moderna]. Rowohlt Enzyklopädie, 3ª edição, 1958.

HILLMAN, J. – *Die Begegnung mit sich selbst* [O encontro consigo mesmo]. Stuttgart, 1969.

HOLTHUSEN, H. E. – *Der unbehauste Mensch* [O homem não habitado]. Deutscher Taschenbuch Verlag, Munique, 1964 (Edição original: Piper, Munique).

HUCH, R. – *Der Sinn der Heiligen Schrift* [O significado da sagrada escritura]. Leipzig, 1919.

HURWITZ, S. – *Die Gestalt der sterbenden Messias* [A figura do Messias moribundo], Ensaios do Instituto C. G. Jung. Zurique, vol. VIII, 1958.

HUXLEY, A. – *Die Pforten derWahrnehmung* [As portas da percepção]. Meine Erfahrung mit Meskalin [Minha experiência com a mescalina]. Piper, Munique, 1954.

_____. *Himmel und Hölle* [Céu e inferno]. Piper, Munique, 1957.

HUXLEY, J. – *Entfaltung des Lebens* [Evolução da vida]. Fischer Bücherei, 1954.

IMBODEN, J. – *Die Staatsformen*. [O modelo do estado]. [Tentativa de interpretação psicológica dos dogmas da ciência do direito político]. Helbing und Lichtenhahn, Basileia, 1959.

JAFFÉ, A. – "Die Bildende Kunst als Symbol" [As artes visuais como símbolo], in: C. G. Jung, *Der Mensch und seine Symbole* [O homem e seus símbolos]. Olten-Freiburg/Br., 1969.

JACOBI, J. – *Komplex, Archetypus, Symbol in der Psychologie C. G. Jungs* [Complexo, arquétipo, símbolo na psicologia de C. G. Jung. Editora Cultrix, São Paulo, 1986.]

_____. *DerWeg zur Individuation* [O caminho da individuação]. Rascher Paperback, Zurique, 1965.

JORDAN, P. – *Der Naturwissenschaftler vor der religiösen Frage* [O cientista em face da questão religiosa]. Stalling, Oldenburg, 1963.

JORES, A. – *Menschsein als Auftrag* [Ser homem como missão]. Huber, Berna, 1963.

JUNG, C. G. – Obras Completas, publicadas por Walter-Verlag, Olten- Freiburg/Br.

_____. 1º vol., *Psychiatrische Studien* [Estudos psiquiátricos].

_____. 3º vol., *Psychogenese der Geisteskrankheiten* [Psicogênese da alienação mental].

_____. 4º vol., *Freud und die Psychoanalyse* [Freud e a psicanálise].

_____. 5º vol., *Symbole der Wandlung* [O símbolo da transformação].

_____. 6º vol., *Psychologische Typen* [Tipos psicológicos].

_____. 7º vol., *Zwei Schriften über Analytische Psychologie* [Dois estudos sobre psicologia analítica].

_____. 8º vol., *Die Dynamik des Unbewussten* [A dinâmica do inconsciente].

_____. 9º vol., I, *Die Archetypen und das kollektive Unbewussten* [O arquétipo e o inconsciente coletivo].

_____. 9º vol., II, *Aion*.

_____. 10º vol., *Zivilisation im Übergang* [Civilização em mudança].

_____. 11º vol., *Zur Psychologie westlicher und östlicher Religion* [Sobre a psicologia da religião ocidental e da religião oriental].

_____. 12º vol., *Psychologie und Alchemie* [Psicologia e alquimia].

_____. 13º vol., *Studien über Alchemistische Vorstellungen* [Estudo sobre as ideias dos alquimistas).

_____. 14º vol., I e II, *Mysterium Coniunctionis*, vol. III, Ergänzungsband (Volume Complementar).

_____. 15º vol., *Über das Phänomen des Geistes in Kunst und Wissenschaft* [Sobre o fenômeno do espírito na arte e na ciência].

_____. 16º vol., *Praxis der Psychotherapie* [A prática da psicoterapia].

_____. 17º vol., *Über die Entwicklung der Persönlichkeit* [Sobre o desenvolvimento da personalidade].

_____. *Briefe* (Cartas), 3 volumes, Olten-Freiburg/Br. 1972/73. *Erinnerungen, Träume, Gedanken von C. G. Jung* [Memórias, sonhos e reflexões de Jung], anotado e publicado por A. Jaffé. Rascher, Zurique, 1962.

KAFKA, F. – *Der Prozess* [O processo]. Fischer, Frankfurt a. M., 1925.

KANDINSKY, W. – *Über das Geistige in der Kunst* [Sobre o espiritual na arte]. Piper, Munique, 1912.

KANT, I. – *Träume eines Geistersehers* [Sonhos de um visionário]. Obras vol. II, Cassirer, Berlim, 1912.

KAZANTZAKIS, N. – *Rechenschaftsbericht vor El Greco* [Relato a EI Greco]. Herbig, Berlim, 1964.

KERÉNYI, K. – *Umgang mit Göttlichem* [Relacionamento com o divino]. Vandenhoeck und Ruprecht, Göttingen, 2ª edição, 1961.

_____. "Mescalin-Perioden der Religionsgeschichte" [Os períodos da mescalina na história da religião], in: *Wege zum Menschen* [Caminhos para o homem], 17º ano, fascículo 6, 1965.

_____. "Voraussetzung der Einweihung in Eleusis" [Pré-requisitos da iniciação em Eleusis], in: *Initiation* [Iniciação], edição de C. J. Bleeker, Brill, Leiden, 1965.

KLEE, P. – *Über die moderne Kunst* [Sobre a arte moderna]. Benteli, Berna, 1945.

LILJE, H. – *Martin Luther*. Rowohlt Monogr., 1965 (Edição original: Furche Verlag, Hamburgo).

MANN, Th. – "Lob der Vergänglichkeit" [Elogio do transitório], in: *Altes und Neues* [Antigos e novos]. Pequeno esboço de cinco décadas. Fischer, Frankfurt, a. M., 1953.

MARTI, H. – *Urbild und Verfassung* [Modelo e composição]. Huber, Berna, 1958.

MEIER, C. A. – "Moderne Physik – Moderne Psychologie" [Física Moderna – Psicologia Moderna], in: *Experiment und Symbol* [Experimento e símbolo]. Olten-Freiburg/Br., 1975.

——————. *Lehrbuch der Komplexen Psychologie C. G. Jungs* [Compêndio de psicologia dos complexos de Jung], I-IV. Olten, 1968-1977.

MUSCHG, W. – *Goethes Glaube an das Dämonische* [A crença de Goethe no demoníaco]. Metzler, Stuttgart, 1958.

NEUMANN, E. – "Dank an Jung" [Agradecimento a Jung], in: *Der Psychologue* [O psicólogo], vol. VII, julho de 1955.

——————. "Die Sinnfrage und das Individuum" [A questão do significado e o indivíduo]. Anuário de Eranos, 1957.

——————. *Tiefenpsychologie und neue Ethik* [Psicologia profunda e uma nova ética]. Kindler, Munique, 1964 (Edição original: Rascher, Zurique).

NEWLAND, C. A. – *Abenteuer im Unbewussten* [Aventura no inconsciente]. A experiência de uma mulher com a droga LSD. Szczesny, Munique, 1964.

NICKEL, E. – *Das physikalische Modell und die metaphysische Wirklichkeit* [O modelo físico e a realidade metafísica]. Reinhardt, Basileia, 1952.

NOWACKI, W. – *Die Idee einer Struktur der Wirklichkeit* [A ideia de uma estrutura da realidade]. Notícia da Sociedade para a Investigação da Natureza, vol. 14, Neue Folge, Berna.

OPPENHEIMER, J. R. – *Wissenschaft und Allgemeines Denken* [Ciência e pensamento geral]. Rowohlt Enzyklopädie, 1955.

OTTO, R. – *Das Heilige* [A santa]. Breslau, 1917.

PAULI, W. "Der Einfluss archetypischer Vorstellungen auf die Bildung naturwissenschaftlicher Theorien bei Kepler" [A influência das imagens arquetípicas na formação das teorias científicas de Kepler], in: JUNG-PAULI, *Naturerklärung und Psyche* [Explicação da natureza e psique], Ensaios do Instituto C. G. Jung, vol. IV. Zurique, 1952.

_____. "Naturwissenschaftliche und erkenntnistheoretische Aspekte der Ideen vom Unbewussten" [Aspectos das ideias sobre o inconsciente nas Ciências Naturais e na Epistemologia], in: *Dialectica*, vol. 8, nº 4, 15/12/54.

_____. *Aufsätze und Vorträge über Physik und Erkenntnistheorie* [Artigo e conferência sobre a física e a teoria do conhecimento]. Vieweg, Braunschweig, 1961.

PORTMANN, A. – "Das Lebendige als vorbereitete Beziehung" [A vida orgânica como relação prévia]. Anuário de Eranos, 1955.

_____. *Biologie und Geist* [Biologia e espírito]. Rhein--Verlag, Zurique, 1956.

_____. "Sinnbedeutung als biologisches Problem" [A interpretação do sentido como problema biológico], Anuário de Eranos, 1957.

_____. "Gestaltung als Lebensvorgang" [Configuração e processo de vida], Anuário de Eranos, 1960.

_____. "Freiheit und Bindung in biologischer Sicht" [Liberdade e Prisão na Perspectiva Biológica], Anuário de Etanos, 1962.

READ, H. – *Geschichte der modernen Malerei* [História da pintura moderna]. Droemer/Knaur, Munique, 1959.

RUDIN, J. – *Psychotherapie und Religion* [Psicoterapia e religião]. Walter, Olten, 2ª edição, 1964.

_____. "C. G. Jung und die Religion" [Jung e a religião], in: *Orientierung* [Orientação], 28º ano, Zurique, 15/11/64.

SALIS, J. R. von – "Geschichte als Prozess" [A história como processo], in: *Transparente Welt* [Mundo transparente]. Publicação comemorativa do 60º aniversário de J. Gebser. Huber, Berna, 1965.

SARTRE, J.-P. – *Die Wörter* [As palavras]. Rowohlt, Hamburgo, 1965.

SERRANO, M. de – *C. G. Jung and Hermann Hesse*. Routledge and Kegan Paul, Londres, 1966.

SILBERER, H. – *Probleme der Mystik und ihrer Symbolik* [Problemas do misticismo e seu simbolismo]. Heller, Leipzig, 1914.

SPEISER, A. – "Die Platonische Lehre vom unbekannten Gott und die Christliche Trinität" [A teoria platônica do Deus desconhecido e a Trindade cristã]. Anuário de Eranos, 1940/41.

SÜSSMANN, G. – "C. F. v. Weizsäcker als theoretischer Physiker und Philosoph" [Weizsäcker como físico teórico e filósofo], in: Börsenblatt für den deutschen Buchhandel [Jornal da Bolsa Alemã para o Comércio de Livros], 8/10/63.

SCHÄR, H. – "Das Gewissen in protestantischer Sicht" [A consciência na perspectiva protestante], in: *Das Gewissen* [A consciência], Ensaios do Instituto C. G. Jung, vol. VII, Zurique, 1958.

SCHMID, K. – *Hochmut und Angst* [Orgulho e medo]. Artemis, Zurique, 1958.

SCHOLEM, G. – *Die jüdische Mystik in ihren Hauptströmungen* [As principais correntes do misticismo judaico]. Rhein-Verlag, Zurique, 1957.

_____. "Die mystische Gestalt der Gottheit in der Kabbala" [A figura mística da divindade na Cabala]. Anuário de Eranos, 1960.

_____. "Gut und böse in der Kabbala" [O Bem e o Mal na Cabala]. Anuário de Eranos, 1961.

SCHUBART, W. – *Religion und Eros* [Religião e Eros]. Beck, Munique, 1966.

THIELICKE, H. – *Das Schweigen Gottes* [O silêncio de Deus]. Furche, Hamburgo, 1962.

TILLICH, P. – *Der Mut zum Sein* [A coragem de ser]. Furche, Hamburgo, 1965.

_____. "*Das neue Sein als Zentralbegriff*" [O novo ser como ideia central]. Anuário de Eranos, 1954.

_____. *Auf der Grenze* [Na fronteira]. Siebenstern, Munique, 1962 (Edição original: Evang. Verlagswerk, Stuttgart).

_____. *Die verlorene Dimension* [A dimensão perdida]. Furche, Hamburgo, 1962.

_____. *Religionsphilosophie* [Filosofia das religiões]. Kohlhammer, Stuttgart, 1962.

_____. *Die neue Wirklichkeit* [A nova realidade]. Deutscher Taschenbuch Verlag, Munique, 1962 (Edição original: Evang. Verlagswerk, Stuttgart).

WATTS, A. W. – *The Two Hands of God* [Os dois aspectos de Deus]. Braziller, Nova Yorque, 1963.

WEIBEL, E. R. – "Modell und Wirklichkeit in der biologischen Forschung" [Modelo e realidade na pesquisa biológica], in: Neue Zürcher Zeitung, nº 3809, 13/9/64

WEISS, V. – *Die Gnosis J. Böhmes* [A gnose de J. Böhme]. Origo, Zurique, 1955.

WEIZSÄCKER, C. F. von – "Das Verhältnis des Quantenmechanick zur Philosophie Kants" [A proporção mecânica quântica em relação à filosofia de Kant], in: *Die Tatwelt*, nº 17, 1941.

_____. *Die Geschichte der Natur* [A história da natureza]. KL. Vandenhoeck-Reihe, 5ª edição, Stuttgart, 1962.

WEIZSÄCKER, V. von – *Natur und Geist* [Natureza e espírito]. Kindler, Munique, 1964 (Edição original: Vandenhoeck und Ruprecht, Göttingen).

WERBLOWSKI, R. Z. – "Das Gewissen in jüdischer Sicht" [A consciência na perspectiva judaica], in: *Das Gewissen* [A consciência], Ensaios do Instituto C. G. Jung, vol. VII, Zurique, 1958.

WEYL, H. – "Wissenschaft als symbolische Konstruktion" [A ciência como construção simbólica]. Anuário de Eranos, 1948.

WHYTE, L. – *The Unconscious before Freud* [O inconsciente antes de Freud]. Anchor Books, Nova Yorque, 1962.

ZACHARIAS, G. P. – *Psyche und Mysterium* [Psique e mistério], Ensaios do Instituto C. G. Jung, vol. V, Zurique, 1954.

ZIMMER, E. – *Umsturz im Weltbild der Physik* [Revolução na imagem cósmica da física]. Deutscher Taschenbuch Verlag, Munique, 1961 (Edição original: Carl Hanser, Munique).

Impresso por :

gráfica e editora

Tel.:11 2769-9056